Weihnachten

Wann soll es doch geschehen,

Wann kommt die liebe Zeit.

Dass ich ihn werde sehen,

In seiner Herrlichkeit?

Du Tag, wann wirst du sein,

Dass wir den Heiland grüßen?

Ach, stelle dich doch ein.

JONI
EARECKSON TADA

Schönste
Momente
der
Weihnachtszeit

BRUNNEN
VERLAG GIESSEN

Inhalt

Eine Zeit der *Erwartung*

 Ich stöberte in unserer Garage herum, und plötzlich stieg mir der unverkennbare Geruch von frisch poliertem Leder in die Nase. Da, hinter dieser Schachtel – da war es: ein neues Zaumzeug für mein Pony.

Das war der Moment, an dem der Weihnachtsmann aus meiner Kindheit verschwand. Endgültig. Keine Kekse mehr, die ich vor Heiligabend auf das Fensterbrett legte. Keine sehnsuchtsvollen Briefe mehr an den Nordpol. Kein Zucker mehr für die Rentiere. Und auch keine Karotten. Und … ich war erleichtert. Etwas ganz tief in mir hatte mir schon lange gesagt, dass es sowieso nur ein Spiel war. Das war der Moment, an dem Weihnachten für mich … ernsthafter wurde. Nein, nicht düsterer. Aber einfach wichtiger.

Ich war erst sieben, aber von diesem Zeitpunkt an war mir klar, dass der Weihnachtstag ein besonderer Tag war. Ein heiliger Tag. Der Heiligabendgottesdienst in unserer Dorfkirche erhielt eine neue, tiefere Bedeutung. Fast über Nacht wurde der Heiligabend zu jener „stillen Nacht", die Raum gab, um über das Wunder der Ankunft Gottes in dieser Welt nachzusinnen.

Die Kirche war dunkel, aber soooo warm. Eine Kerze wurde durch die Reihen gegeben, an der wir die Kerzen entzündeten, die wir in den Händen hielten. Als ich mein Licht angesteckt hatte, hielt ich es ganz fest und blickte in die Flamme. Es war ein Gefühl, als hielte ich etwas Heiliges. Ich kniete auf der kleinen Kniebank nieder, um zu beten, und ich gab mir Mühe, dass mein Gebet so lange dauerte, wie die kleine Kerze brannte, als könne das ein Ausdruck für meine Sehnsucht sein, dass dies eine wichtige Nacht sein möge. Ich wollte, dass Jesus wusste, wie besonders er in meinen Augen war.

Und so betete ich, lange und ernsthaft. Und als ich mich wieder in die Bank setzte, war ich voller Erwartung, dass etwas geschehen würde, etwas, das diese seltsame Sehnsucht in mir stillen und füllen würde.

Nach dem Gottesdienst stapften wir über den verschneiten Parkplatz zum Auto. Ich sah hoch zum Nachthimmel, entdeckte einen besonders hell funkelnden Stern, und fragte meinen Vater: „Ist das derselbe Stern, der über der Krippe stand?" Seine Antwort enttäuschte mich, aber sie hielt mich nicht davon ab, weiter zu diesem Stern aufzublicken.

Zu Hause bereitete Mutter Platten mit Gebäck und herzhaften Kleinigkeiten vor. An Heiligabend hatten wir immer ein offenes Haus. Ich saß auf dem Sofa zwischen Tante Dorothy und Tante Helen und lauschte der Weihnachtsmusik aus dem Radio. Auf dem Fensterbrett strahlten Kerzen. Draußen fiel sanft der Schnee. Mutter kam herein und brachte ein spätes Abendessen (und ich wunderte mich, dass ich so lange aufbleiben durfte).

Ich wartete immer noch, selbst als es schon fast Mitternacht war, wartete, dass etwas geschehen würde. Aber was war es eigentlich, worauf ich da wartete?

Schließlich schlief ich ein, lange bevor die Gäste das Haus verließen. Und am nächsten Morgen erschien mir alles wie ein Traum. Aber dieselbe träumerische Sehnsucht hielt auch am ersten Weihnachtsfeiertag an. Ich wusste – ich war ja ein Kind –, ich hätte mit all den neuen Spielsachen und Geschenken spielen können, aber irgendetwas in meinem siebenjährigen Herzen wollte mir nicht erlauben, dieses Weihnachtsfest nur mit eigenen

Vergnügungen zu verbringen. Immer wieder ließ ich meine Spielsachen liegen, ging in mein Zimmer und stand dort am Fenster und starrte hinaus.

Wonach hielt ich da Ausschau? Warum empfand ich dieses rätselhafte Verlangen, allein zu sein und „hinüberzusteigen in jene andere Seite" von Weihnachten?

Rote Schleifen, der Duft der Fichtenzweige, Gewürze und Kerzen, Schneeflocken, die sanft zur Erde schwebten, blinkende Lichter im Dunkel, Menschen, die lachten und Freude ausstrahlten – all diese „Zutaten" zu Weihnachten waren mir kostbar. Sie vermittelten Wärme und Geborgenheit. Aber zugleich waren sie Hinweise – Ahnungen und Andeutungen eines noch größeren Festes. *Eines Festes, das erst kommen würde.*

Heute weiß ich, dass ich damals die Weihnachtssehnsucht kennen lernte. Es ist eine Sehnsucht, die wohl jeder Mensch in der Weihnachtszeit spürt – ein Verlangen, zu Hause zu sein, dazuzugehören, eine Sehnsucht nach erfülltem Leben, das Bestand hat. Weihnachten ist eine Einladung zu einem Fest – zu einem Fest, das noch bevorsteht.

Auf dieser Seite der Ewigkeit ist Weihnachten vor allem ein Versprechen. Ja, Christ, der Retter, ist da. Er ist schon gekommen. Und mit ihm Friede für die Erde. Aber die Geschichte ist noch nicht zu Ende. Ja, es gibt den Frieden im Herzen. Aber wir sehnen uns noch immer nach dem Frieden in der Welt.

Jedes Weihnachtsfest ist wie das Umschlagen einer Seite. Jeder 24. Dezember markiert ein weiteres Jahr, das uns der Erfüllung der Zeiten entgegentrug, das uns unserer wahren Heimat näher gebracht hat.

Jedes Weihnachtslied ist ein melodisches Echo des himmlischen Chores, der einmal das All mit Freude und Wohlklang erfüllen wird.

Himmlische Heerscharen mögen über den Dächern von Bethlehem die Geburt des Friedenskönigs verkündet haben, aber einmal werden sie die Morgendämmerung eines neuen Tages verkünden. Der Glanz unserer Kerzen ist nur ein Glimmen im Vergleich zu dem Licht, in dem „die Völker der Erde leben, und die Herrscher der Welt … kommen und ihre Reichtümer in die Stadt bringen [werden]" (Offb. 21,24).

Diese Art von Heimweh hat einen Namen. Und selbst als Kind hätte ich sie sicher erkannt, hätte jemand davon gesprochen.

Es ist die Weihnachtssehnsucht.

GOTT IST DIE ANTWORT
AUF UNSERE TIEFSTE SEHNSUCHT.

Der erste
Advent

Eine Sehnsucht erwacht

Heute
ist euch in der Stadt Davids
der Retter geboren;
er ist der Messias,
der Herr.

Lukas 2,11

Der Duft des Himmels

ICH ERINNERE MICH, wie am Weihnachtstag, als ich vom Kirchgang nach Hause kam, der Duft des Gänsebratens das Haus erfüllte und mir das Wasser im Mund zusammenlief. Spüren Sie es auch? Natürlich, Gans oder Truthahn, das gehört zu Weihnachten – aber jetzt, jetzt ist es so weit. Der Duft verkündet es.

Na ja ... noch nicht ganz. Der Vogel wird noch ein Stündchen im Ofen schmoren. Das Festessen wird noch etwas auf sich warten lassen. Es ist zwar Zeit ... fast. Seltsam, ich wusste nicht, wie hungrig ich war, bevor mir der Bratenduft in die Nase stieg. Es war dieser Duft, der mir meinen Hunger bewusst machte.

Das eben liegt in der Natur der Dinge, die uns „Appetit machen". Und deshalb weckt auch die Geburt Jesu ein solches Verlangen in uns. Wir sind so hungrig nach Gott. Aber wir wussten es nicht, nicht bevor Jesus erschien. Als er auf dem Stroh eines Viehstalles geboren wurde, da spürten wir etwas vom Duft der Gegenwart Gottes. Wir atmeten das Aroma dieses Gottes ein, der ein „Gott mit uns" – Immanuel – sein will. Und wir spürten ganz deutlich diesen tiefen Hunger in uns. Wir hatten vielleicht keine Worte dafür, aber es war – es ist – ein Verlangen nach Gott.

Jedem, der Christus im Stall des eigenen Herzens willkommen heißt, hat Gott den Geist gegeben, als Garantie oder Direktzahlung, sozusagen. Oder sagen wir – eher im Einklang mit dem Duft des Festtagsbratens: Er hat uns „Appetit gemacht". Er ist hier, in uns, aber zugleich ist er der, der noch kommt. Sein Reich ist angebrochen, aber es ist noch nicht vollendet. Und so schauen wir zurück auf diesen ersten Advent, diese erste Ankunft Jesu mit einer Freude, die das Herz erwärmt … wir bereiten unsere Herzen zur Krippe, die Jesus aufnimmt … wir atmen den Duft seiner Gegenwart tief ein … und wir freuen uns darauf, dass wir bald, schon bald mit ihm an der Festtafel seines himmlischen Reiches sitzen werden.

Und bis es so weit ist, schauen wir zurück nach Bethlehem und danken ihm dafür, dass er uns mit Weihnachten schon einen Vorgeschmack der wunderbaren Ereignisse gegeben hat, die auf uns warten.

Und du, Bethlehem Efrata,
die du klein bist unter den Städten in Juda,
aus dir soll mir der kommen,
der in Israel Herr sei,
dessen Ausgang von Anfang
und von Ewigkeit her gewesen ist.

Micha 5,1

Weihnachts*perspektiven*

WEIHNACHTEN IST DIE ZEIT, um den Blick *nach oben* zu richten …

Nach oben zum dicht gewebten Sternenteppich. Voller Freude den Nachthimmel zu betrachten und sich vorzustellen, wie es wohl für die Menschen gewesen sein mag, die den Stern von Bethlehem sahen. Und zu staunen angesichts des unermesslichen Alls da über uns. Weihnachten ist die Zeit, den Blick nach oben zu richten und sich an etwas zu erinnern: dass der Himmel unsere Heimat ist.

Weihnachten ist die Zeit, um den Blick *nach innen* zu richten …

Nach innen, ins eigene Herz, in dem das Christuskind wohnen will. Jetzt ist Zeit, nach innen zu schauen und dort die Flamme der Liebe wieder anzufachen, damit sie das Dunkel dieser Zeit erleuchtet.

Weihnachten ist die Zeit, um den Blick *nach außen* zu richten.

Zeit mit Freunden zu verbringen, Geschenke für unsere Lieben zu kaufen. Und diejenigen nicht zu übersehen, die Gott uns in den Weg stellt, weil sie unsere Hilfe brauchen: die Hungrigen, die Einsamen, die Traurigen und alle Menschen, die auf etwas Liebe warten. Liebe, die wir geben können. Gottes Liebe.

Aber Weihnachten ist auch die Zeit, um den Blick *nach vorn* zu richten …

Das neue Jahr bricht schon bald an, ein Jahr voller Gelegenheiten, die Botschaft des Friedens weiterzusagen.

Es ist Zeit, vorauszuschauen, zu träumen. Zu planen und sich vorzubereiten. Mut zu sammeln und sich vielleicht auf Wagnisse einzustellen. Die Zukunft liegt vor uns als offene Tür, die wir durchschreiten müssen.

Vor allem aber ist Weihnachten die Zeit, um *zurück*zuschauen …

Tun wir das, heute noch. Voller Staunen zurückschauen durch die Jahrhunderte bis damals, bis zum Stall von Bethlehem. Ich stelle mir die Szene vor. Gehe durch das kleine Dorf. Spüre die Kälte der Nachtluft. Sehe, wie der Atem gefriert, und spüre die Schottersteine auf dem Weg zum Gasthaus unter meinen Füßen. An der Tür mache ich kurz Halt, lausche auf das Lachen, das herausdringt. Und gehe dann weiter durch den dunklen Hof bis zum Stall. Wieder zögere ich. Duft von Heu und Stroh steigt mir in die Nase. Ich spüre den Lichtschein der Stalllaterne über mein Gesicht huschen. Höre das Schreien eines Neugeborenen. Und warte und lausche … und schließlich höre ich von fern den Gesang der himmlischen Heerscharen.

Schließlich betrete ich den Stall … vorsichtig und voller Staunen über das, was ich dort sehe. Als rufe mich eine Stimme: Komm näher, ganz nahe, hab keine Angst. Sieh – der Herr der Welten ist gekommen, weil er … *dir* ganz nahe sein will. Fall vor ihm nieder – in deinem Herzen. Komm und sieh und bete an.

Warum? Weil Weihnachten die Zeit ist, um unseren Blick *auf Jesus* zu richten.

Werbung für Weihnachten

FÜR UNS MENSCHEN DES 21. JAHRHUNDERTS ist es nicht leicht, die Bedeutung des Weihnachtsfestes klar vor Augen zu haben. Schon Monate vor dem Fest berieselt uns das Radio mit ununterbrochenem Weihnachtsgesäusel, das Fernsehen mit raffinierten Werbespots, die Zeitungen mit Hochglanzanzeigen – und alles dreht sich um Weihnachten.

Jesus wählte als Rahmen für seinen Eintritt in die Weltgeschichte eine kalte Nacht und einen dunklen Stall. Kein Gesäusel, keine Werbetafeln, keine Fernsehspots, damit auch alle Welt aufmerksam würde. Er kam ins Abseits.

Und doch kam er nicht unangekündigt.

Gott hatte das Kommen seines Sohnes angekündigt - lange, bevor er geboren wurde. Der Eintritt Gottes in die Geschichte der Menschen in der Person Jesu war der Zielpunkt einer langen Reihe von Prophezeiungen. Schon die Genesis nennt ihn „den Nachkommen der Frau". Als „Stern" und „Zepter" verkündet ihn das Buch Numeri. Hiob erkennt den „Erlöser", Jesaja offenbart ihn als den „Knecht Gottes", Jeremia kennt ihn als „Herr, unsere Gerechtigkeit". Daniel weiß schon vom „Messias". Haggai nennt ihn „das Sehnen der Völker" und Sacharja den „König".

Anschlagtafeln. Wegweiser. Und es gab weitere. Die Stadt, aus der der Messias kommen sollte, die Botschaft des Vorläufers Johannes, die Flucht nach Ägypten, die Art seines Wirkens, Verrat und Tod, ja selbst die Auferstehung – alles war im Voraus verkündet.

Wenn man sich vor Augen führt, wie klar diese Hinweise im Alten Testament sind, dann scheint es kaum vorstellbar, wie auch nur ein einziger Mensch das Kommen des Messias *übersehen* konnte. Aber so war es. Fast alle übersahen es. Trotz all dieser Vorankündigungen übersah man ihn. Die meisten waren gleichgültig oder blind für die erstaunliche Tatsache, dass Gott selbst in die Geschichte der Menschen eingriff. Obwohl zur Zeit seiner Geburt eine fieberhafte Erwartung in der Luft lag, waren die meisten Leute nicht in der Lage, die Zeichen zu deuten.

Gewiss, man wartete auf den Messias. Man kannte die alten Prophezeiungen gut. Aber vielleicht hatten die Menschen zu genaue Vorstellungen davon, wie der Messias kommen würde. Offensichtlich ist es nicht damit getan, die Wegweiser zu lesen.

Heute wie damals geht es darum, auf die *Person* zu schauen. Nicht auf Titel, Etiketten, einen prophetischen Satz, einen Namen. Der Sohn Gottes ist eine Person. Und auch nach zweitausend Jahren sind wir ebenso gefährdet wie die Menschen zur Zeit seiner Geburt: Wir können die Chance verpassen, ihm zu begegnen.

Könnte es sein, dass wir die Hinweise übersehen? Dass wir in all dem Werbegeflimmer und Weihnachtsrummel und Geschenketaumel übersehen haben, dass er da ist? Dass er uns ganz nah gekommen ist?

Die ganze Bibel erzählt die Geschichte des Christus und des unvergänglichen Lebens, das er bringt. Die Hinweisschilder sind aufgestellt, damit wir sie lesen und glauben. Damit wir ihn lieben und ihm folgen.

Wie kann das
geschehen?

 begann in einer fernen Galaxie ein Engel eine Reise.

Auf den Bahnen zahlloser Sonnen und Sterne durchflog er die unendliche Weite des Alls und gelangte schließlich in eine ganz besondere Galaxie. Der Engel durchquerte Sternennebel, ließ Kometen hinter sich und steuerte auf einen ganz bestimmten Planeten zu. Er erreichte die Erdatmosphäre, überflog die Ozeane und Kontinente und strebte einem kargen Land in einem verborgenen Winkel der Erde zu.

Und dort landete er schließlich – in einem kleinen Ort mit Namen Nazareth. Durch die Straßen und Gassen fand er seinen Weg bis zu einem bestimmten Haus. Und hier endete seine Reise durch Raum und Zeit. Er hatte das All durchmessen, um zu einem staubigen kleinen Häuschen in einer Seitengasse eines unbedeutenden Dorfes am Rande der Wüste zu gelangen.

Er kam durch Ewigkeiten und zahllose Lichtjahre. Seine Botschaft galt weder einem König noch einem Fürsten. Der Kaiser in Rom ahnte nichts von seinem Besuch. Herodes würde es nur zu bald erfahren. Der Engel war gesandt

worden, um zu einem Bauernmädchen zu reden – einer schlichten, gewöhnlichen jungen Frau, die im Dämmerlicht ihres Hauses saß. Dort trat er ein und überbrachte seine Botschaft. Er sprach in einfachen, direkten Worten. Es waren Schrecken erregende Worte, die als Wellen der Empörung in den Galaxien widerhallten.

„Sei gegrüßt, du Hochbegnadete!", sagte der Engel. „Der Herr ist mit dir … Fürchte dich nicht, Maria, denn Gott hat dich mit Gnade angesehen. Du wirst ein Kind gebären, einen Sohn, und du sollst ihm den Namen Jesus geben. Er wird groß sein und ein Sohn des Höchsten genannt werden. Und Gott wird ihm den Thron seines Vaters David geben und er wird König sein über das Haus Jakob in Ewigkeit; sein Reich wird kein Ende haben" (Lukas 1,28.30-33).

Künstler aller Jahrhunderte haben versucht, dieses Ereignis ins Bild zu fassen. Dichter haben darüber gegrübelt. Wir können nur vermuten, wie diese schlichte junge Frau reagiert hat. Hat sie sich versteckt, unter einer Decke versteckt – wie es ein Teenager vielleicht täte? Hielt sie den Atem an? Brach sie in Tränen aus? Oder saß sie da wie betäubt?

Zum Glück wissen wir wenigstens, was sie *sagte*. Mit kindlicher Selbstverständlichkeit, mit durch und durch aufrichtigen Worten antwortet Maria dem Engel mit einer Frage. Und auch diese erschütterte das Universum.

„Wie soll das geschehen?", fragt sie den Engel. „Ich bin mit keinem Mann zusammengekommen."

Seit der Erschaffung des Universums und Beginn der Welt hatte es so etwas noch nicht gegeben. Gott wollte Mensch werden. Und diese junge Frau aus Nazareth würde nie mehr die sein, die sie gerade noch war.

Und das ist auch unsere Frage: *Wie soll das geschehen?* Eine einfache, direkte Frage. Eine aufrichtige Frage. Stellen wir sie doch. Und wenn wir die Antwort finden: *Gott wurde Mensch … für mich* – dann werden auch wir nie mehr die sein, die wir bis dahin waren.

Ein Plan hinter dem *Schmerz*

ES BEGAB SICH ABER ZU DER ZEIT, *dass ein Gebot von dem Kaiser Augustus ausging, dass alle Welt geschätzt würde … Und jedermann ging, dass er sich schätzen ließe, ein jeder in seine Stadt. Da machte sich auf auch Josef aus Galiläa, aus der Stadt Nazareth, in das jüdische Land zur Stadt Davids, die da heißt Bethlehem, weil er aus dem Hause und Geschlechte Davids war, damit er sich schätzen ließe mit Maria, seinem vertrauten Weibe; die war schwanger. Und als sie dort waren, kam die Zeit, dass sie gebären sollte"* (Lukas 2,1.3-6).

Die Entfernung zwischen Nazareth und Bethlehem ist nichts für einen Nachmittagsspaziergang. Der Weg zieht sich fast 100 Kilometer durch raues und unwegsames Gelände.

Wir können uns Josef vorstellen, wie er ein paar Habseligkeiten zusammenpackt und sich, vielleicht zu Fuß, vielleicht mit einem Esel, auf den Weg macht – mit der hochschwangeren Maria. Ganz und gar unerfreuliche Umstände. Was Maria auf dieser Reise durchgemacht hat, lässt sich nur erahnen. Und auch Josef mögen auf dieser Reise Sorgen und Befürchtungen begleitet haben.

Warum musste diese Steuerschätzung uns ausgerechnet jetzt ereilen? Was, wenn das Baby unterwegs kommt? Wo sollen wir in Bethlehem bleiben? Und wo Hilfe finden, wenn das Kind kommt? Kann ich Maria denn beistehen? Und das Kind – wird das Kind gesund zur Welt kommen?

Aber es gab mehr als einen Grund, warum diese beschwerliche Reise nach Bethlehem sein musste. Jahrhunderte zuvor hatte Gott durch seinen Propheten die Geburtsstadt des Messias bekannt gegeben. Die Stadt Davids. Und nun nutzte er einen ganz weltlichen Umstand – die Steuerschätzung des Kaisers –, um diese Ankündigung wahr zu machen. Der Messias würde in der alten Davidsstadt zur Welt kommen.

Für Josef und Maria war das mit beträchtlichen Strapazen verbunden. Aber schwierige Umstände erweisen sich nicht selten als großartige Details in einem wunderbaren göttlichen Plan. Trotz Schmerzen und Beschwerlichkeiten, trotz Sorgen und Mühsal vollzog sich Gottes Plan genau wie vorgesehen.

Das ist heute nicht anders als damals. Wir machen doch auch nur zu gern den Fehler zu denken, dass nur das Gute, Angenehme oder Erwünschte in unserem Leben von Gott kommt und in seinen Plan für uns passt. Der gute Job, Gesundheit, Freunde, ein nettes Häuschen, ausreichende Ersparnisse – das alles lässt uns glauben, wir machten es richtig. Aber kaum tauchen Schwierigkeiten auf, kaum läuft etwas nicht so nach unserem Plan, schon fragen wir, „was falsch gelaufen" ist.

Vielleicht ist gar nichts „falsch gelaufen".

Vielleicht müssen wir uns nur daran erinnern, dass die unerfreulichsten Umstände, wie bei Josef und Maria, sich oft genug als staunenswerte Details der guten Absichten Gottes erweisen.

Auch in Ihrem und meinem Leben vollzieht sich Gottes Plan genau so, wie er ihn vorgesehen hat – auch wenn wir das manchmal schwer akzeptieren können. Trotz der Schwierigkeiten, trotz widriger Umstände, obwohl wir es nicht verstehen – Gottes Absichten mit uns sind gut. Und er hat die Dinge in der Hand. Er hat etwas mit uns vor, mit Ihnen und mir … auch in diesem Jahr, auch an diesem Weihnachtsfest. Wie zu jeder anderen Zeit und solange wir leben.

Im *Stall*

Es war eine kalte Nacht in der kleinen Stadt Bethlehem im Hochland von Judäa. Eine Nacht, in der man sich aus Kälte, Feuchtigkeit und Dunkel in die Wärme und Sicherheit einer behaglichen Herberge flüchten möchte. Und so drängten sich die Menschen in dem kleinen Gasthaus am Ende der Dorfstraße. Sie ließen ihre Esel oder Kamele im Stall und schlossen die Tür fest hinter sich, um die kalte Nachtluft auszusperren.

Die Gaststube war erfüllt von lebhaftem Stimmengeschwirr und Gelächter. Verwandte, die einander jahrelang nicht gesehen hatten, saßen endlich einmal wieder beisammen und ließen sich die heiße Suppe oder einen Becher Wein schmecken. Sie teilten das Mahl und die Erlebnisse ihrer Reise. Ein junger Bursche stimmte sein Instrument, und einige Ältere klatschten im Takt zur Musik.

Mitten im Getriebe und im Bemühen, seine Gäste zufrieden zu stellen, öffnete der Wirt – das Tablett mit Broten und Fleischschüsseln in der Hand – die Tür, an der es geklopft hatte. Der Mann vor der Tür stellte sich vor als Josef aus Nazareth. Er zog seinen handgewebten Umhang eng um sich fest. Es war spät, es war kalt, und er und seine Frau brauchten eine Bleibe für die Nacht. Ein Blick sagte dem Wirt, dass die Frau hochschwanger war. Bei dem Lärm in der Stube hörte er sein eigenes Wort kaum, aber er erklärte den Fremden, dass es keinen Raum mehr gäbe, nur noch eine leere Box im Stall hinter dem Hof. Dann schlug er mit einem entschuldigenden Schulterzucken die Tür hinter sich zu.

Josef stand davor und lauschte noch einen Moment auf die Stimmen von drinnen. Hinter ihm, in der stillen, kalten Nacht, wartete Maria. Das Paar suchte sich im Dunkel den Weg zum Stall. Und während drinnen Musik und Gelächter erklangen und die festliche Begegnung weiterging, trat Gott selbst in seinem Sohn in die Weltgeschichte ein.

Manchmal erleben wir die besten Momente der Weihnachtszeit nicht während der festlichen Partys oder in der Hektik der Vorbereitungen. Sie ereignen sich nicht immer dort, wo Singen, Lachen und Festlichkeiten im Vordergrund stehen.

Wenn ich an solche besonderen Weihnachtsmomente denke, dann erinnere ich mich an jene stillen Augenblicke, in denen mich Gott überrascht hat – ganz unvorhergesehen. Mit seiner Gegenwart. Mit einem überwältigenden Wissen um seine Nähe und Liebe.

Zwischen unseren zu vielen Terminen, unseren Aktivitäten, Vorbereitungen, Feiern und Weihnachtswünschen sucht Gott das Herz, das still geworden ist … und er redet zu uns mit einer leisen, sanften Stimme.

Denken wir an den Stall von Bethlehem. Dort steht er, fast heiter und still. Welch ein Kontrast zu dem Trubel in der Gaststube. Wer hätte das geahnt? Wer hätte das vermutet? Wenn sich nur jemand einen Augenblick Zeit genommen hätte, um aus einem Fenster zu spähen. Wenn nur jemand für einen Moment das fröhliche Treiben verlassen hätte, um nach seinem Esel zu sehen. Wenn nur jemand aus dem Getriebe herausgetreten wäre, um einen Moment Stille zu suchen.

Was hätte er da sehen und erleben können. Vielleicht sogar die Chöre der himmlischen Heerscharen! Vielleicht die Ankunft der Hirten. Und, natürlich, Gott selbst als Kind in einer Futterkrippe.

Nehmen wir uns in dieser Weihnachtszeit diese Momente, in denen wir Getriebe und Menschen hinter uns lassen. Besuchen wir den Stall. Bitten wir Gott darum, dass er in der Stille und Heiterkeit und Ruhe des Herzens zu uns redet. Er wird es gewiss tun.

Stille *Nacht*

WELCHE BILDER WECKEN DIESE WORTE, diese vertraute Melodie in Ihnen? Sind es warme, zarte Erinnerungen? Lockt die Melodie Sie in den Stall von Bethlehem? Sehen Sie sie vor sich, jene beiden: Josef, stets im Hintergrund, und Maria, die junge Mutter, die ihr erstes Kind in eine Futterkrippe legen musste?

Wer war sie, diese Maria, die den Retter der Welt in ihren Armen hielt?

Sie war keine berühmte Prophetin. Sie war überhaupt nicht berühmt. Vermutlich kannte sie außer den Nachbarn in Nazareth, wo sie aufwuchs, niemand. Niemand kam zu ihr, um sie wegen ihrer Weisheit um Rat zu fragen. Sie war eine einfache junge Frau. Eher noch ein Teenager. Sie war keine Prinzessin, und sie hatte ganz gewiss kein fürstliches Leben. Die Wohlhabenden und Einflussreichen beachteten sie nicht. Sie existierte gar nicht für diese Leute. Sie war auch nicht besonders gebildet. Sie hatte keine Gelegenheit gehabt, den besten Lehrern und Philosophen ihrer Zeit zu lauschen. Aber sicher war sie auch nicht völlig ungebildet. In ihrem Lobgesang, den wir als das „Magnificat" kennen, zeigen sich ein wacher Geist und ein weites Herz voller Staunen über Gott. Aber der Punkt ist: Maria, die junge Frau aus Nazareth, die aus Millionen erwählt wurde, die Mutter des Erlösers der Welt zu sein – diese Maria war zwar ein schlichtes Bauernmädchen. Aber sie war verfügbar – verfügbar für Gott.

Wenn ihre eigene Position auch niedrig war – Gott erwählte sie und stellte sie über alle anderen Frauen. Sie

würde Christus, den König, zur Welt bringen – und das war
eine Ehre, vor der jeder andere Titel, jede Urkunde oder
soziale Stellung verblassen.

Und was hat das mit uns zu tun? Mit Ihnen? Sie haben
vielleicht auch keinen Doktortitel. Sie sind nicht berühmt.
Niemand kennt Sie als Redner, der ein Millionenpublikum
in Bann schlägt. Vielleicht gibt es überhaupt nicht viele
Menschen, die Notiz von Ihnen nehmen. Sie sind nicht
reich. Niemand fragt Sie um Rat. Keine Urkunden, keine
Medaillen, keine Ehrentitel. Sie sind eben … ganz normal.
Durchschnitt. Normaler Job, normales Einkommen, ganz
und gar nichts Besonderes.

Und doch gibt es da etwas ganz Besonderes: Christus
will auch in Ihrem Herzen geboren werden. Das macht uns
alle besonders, außergewöhnlich, einzigartig: Jesus will sein
Leben in uns leben. Vielleicht sind wir nicht reich nach
menschlichen Maßstäben. Aber Gott verspricht uns alle
Schätze seines Reiches. Sein Wort kann zu unserem Reichtum werden. Christus selbst will in uns leben und uns durch
seinen Geist leiten. Und durch uns und mit uns will er seine
Heilsabsichten in dieser Welt verwirklichen.

Was könnte dieser Ehre gleichkommen? Welche Privi-
legien dieser Welt können mit diesem Vorrecht mithalten,
Gottes Mitarbeiter zu sein?

Wie Maria haben wir Grund für einen Lobgesang. Gott
hat uns erwählt. Christus wurde geboren – nicht nur im
Stall von Bethlehem. Sondern in unseren Herzen.

Das größte *Wunder*

 ist das größte Wunder, das Gott je tat?

Die Bibel gibt uns ja eine ganz beträchtliche Auswahl. Um nur einige zu nennen: Gott teilt das Rote Meer, er lässt Manna vom Himmel fallen, die Sonne einen Tag stillstehen, er gibt Wasser aus dem Felsen und schenkt David den Sieg gegen den übermächtigen Riesen Goliat. Und was ist allein mit der Schöpfung? Auf ein einziges Wort Gottes hin entsteht ein ganzes Universum …

Später verwandelt Jesus Wasser in Wein, stillt einen Sturm, geht auf dem Wasser, speist fünftausend Menschen mit fünf Broten und zwei Fischen, heilt Kranke, macht Tote lebendig.

Die Liste könnte noch lange fortgesetzt werden. Und die Debatte darüber, welches das größte Wunder war, ebenso.

Aber ich möchte ein Wunder ganz eigener Art vorstellen …

Stellen Sie sich Gott vor in seiner ganzen Größe, Macht und Herrlichkeit – den Gott, der Sonnen und Monde in ihre Bahnen wies, der Kontinente schuf, Flussläufe hineingrub, das Meer füllte, der sich Zeit und Raum ausdachte und Sie und mich im Mutterleib gestaltete.

Und dann stellen Sie sich vor, dass dieser Gott in die Welt kommt … als Säugling. Gott, der Inbegriff von Liebe und Heiligkeit, von Gerechtigkeit und Gnade, von Macht und

Weisheit, Gott, der größer ist als alles, was wir uns vorstellen können, dieser Gott tritt in die Geschichte ein – als Baby. Die Stimme, die die Schöpfung ins Dasein rief, schreit nun nach der Mutterbrust. Die Augen, die Galaxien durchforschten, blinzeln nun die Tränen aus einem Säuglingsgesicht fort. Gott … mit winzigen rosa Händchen, samtigen Füßchen. Mit zartem Haarflaum und samtweicher Haut.

Gibt es ein größeres Wunder als das?

Selbst der Apostel Paulus gerät ins Staunen, wenn er schreibt:

Er, der in göttlicher Gestalt war, hielt nicht daran fest,
Gott gleich zu sein, sondern entäußerte sich selbst
und nahm Knechtsgestalt an,
ward den Menschen gleich und der Erscheinung nach als Mensch erkannt.
Er erniedrigte sich selbst und ward gehorsam bis zum Tode,
ja zum Tode am Kreuz.
(Philipper 2,6-8)

Ich glaube, es ist keine Frage: Diese Worte beschreiben das allergrößte Wunder.

Dass Gott als Mensch in diese Welt kam, ist ein so atemberaubendes, unwahrscheinliches Wunder, dass alles andere dagegen verblasst.

Wenn wir das glauben, dass Gott als Mensch in die Welt kam, dann haben wir kein Problem mehr mit Wundern. Wasser in Wein verwandeln? Nichts im Vergleich dazu. Blinde Augen öffnen? Kinderspiel. Tote auferwecken? Für diesen Gott, der Mensch wurde, eine Leichtigkeit. Das größte Wunder, das seiner Geburt, lässt alle anderen Wunder, die er tat, dagegen fast unbedeutend erscheinen.

Freuen wir uns in dieser Zeit voller Wunder und Geheimnisse am größten Wunder, das Gott je tat: Preisen wir den Gott, der als Mensch in diese Welt kam. Welch ein Wunder!

Kommt, betet an!

Der Tag nach
Weihnachten

UND SCHON IST ER WIEDER DA, der Tag nach Weihnachten. Wir räumen die Geschenke etwas zur Seite, sammeln das Geschenkpapier ein. Vielleicht nehmen wir uns die Zeit, bei einer Tasse Kaffee die Zeitung von gestern zu lesen, die im Trubel unbeachtet blieb. Die große Erwartung ist zwei Stufen zurückgeschraubt, und fast fühlt sich das Leben schon wieder an wie im ganz normalen Alltag.

Ich frage mich, wie wohl der Tag nach jenem ersten Weihnachten war.

Was geschah am Morgen nach jener wunderbaren Nacht, in der die Heerscharen des Himmels jubelten und der Sohn Gottes geboren wurde? War der Tag, der dieser Nacht folgte, irgendwie … anders?

Stellen wir es uns vor. In Bethlehem ging die Volkszählung weiter. Im überfüllten Gasthaus – in dem Maria und Josef keinen Platz mehr gefunden hatten – begann der Tag mit Geschäftigkeit. Familien kamen aus den Zimmern, versammelten sich zum Frühstück. Männer reckten sich und gähnten, Frauen packten schon. Die Kinder strömten auf die Straße, um bellende Hunde zu verjagen oder mit Kieseln nach Hühnern zu werfen.

An diesem Morgen war die Straße früh erwacht – mit dem Schritt des Soldaten, der die Tische für die Steuerschreiber aufstellte.

„Es geht los, Leute. Alle Namen von A bis M dort hinten anstellen, der Rest hier." Man kennt das.

Ob irgendjemand daran dachte, die Ankunft des jungen Paares zu erwähnen? Ob der Gastwirt mitten in seiner Geschäftigkeit noch einen Gedanken an die schwangere Frau und ihren Mann verschwendete, die er in den Stall gewiesen hatte? Fragte irgendjemand danach, wie es ihnen erging? Ganz sicher gingen etliche Reisende zum Stall, um ihre Tiere zu holen. Ob irgendjemand das Schreien eines Babys vernahm, während sie ihre Tiere beluden?

Vielleicht ja. Vielleicht auch nicht. Es gab schließlich Dinge zu erledigen, Ziele zu erreichen. Ein ganz gewöhnlicher Tag mit seinen ganz normalen Pflichten. Man hatte nicht viel Zeit zum Nachdenken.

Niemand hätte auch nur ahnen können, was in der Nacht zuvor geschehen war. Gott kam als Baby in die Welt.

Ob die geschäftige Menge davon Notiz nahm oder nicht – nach diesem Tag konnte man keinen Tag mehr einen „ganz gewöhnlichen Tag" nennen. Nie mehr.

Simeons Botschaft

Was muss Maria durch den Kopf gegangen sein, als sie ihren Erstgeborenen in eine Decke wickelte, um ihn nach Jerusalem in den Tempel zu bringen! Das war damals so Sitte. Jeder erstgeborene Junge galt als Gott geweiht. Maria und Josef waren verpflichtet, ihn zum Tempel zu bringen und ein Opfer zu bringen.

Ich stelle mir die Szene vor. Maria mit dem Kind im Arm hatte es vielleicht gar nicht leicht, sich ihren Weg durch die Gruppen von Frauen im Tempelvorhof zu bahnen.

„Oh, ist das dein Kind? Wie heißt er? Jesus – ein guter Name."

„Und so winzig … schau nur diese Fingerchen. Hallo, mein Kleiner, lass dich mal anschauen."

Unter all diesen Ratschlägen und Anteil nehmenden Gesten mag Maria errötet sein. Jeder wollte ihr Kind sehen. Und es sei ja ein so besonderer Junge! Wenn sie wüssten.

Aber unter den vielen teilnahmsvollen Worten zu dem Kind auf ihren Armen waren zwei besonders. Eines war erschreckend. Es kam von einem Fremden, einem Greis namens Simeon, in dessen Augen ein ungewöhnliches Feuer brannte. Als er Maria sah, kam er heran. Ob er das Kind einmal im Arm halten dürfe? Maria warf Josef einen Blick zu, der nickte beruhigend, und so legte sie das Kind behutsam diesem Greis in die Arme.

Und hören Sie, was nun geschah:

Simeon nahm das Kind auf seine Arme, lobte Gott und sprach:
Herr, nun lässt du deinen Diener in Frieden fahren, wie du gesagt hast;
denn meine Augen haben deinen Heiland gesehen,
den du bereitet hast vor allen Völkern,

Seltsame Worte. Maria muss erschrocken sein, als sie plötzlich so direkt angesprochen wurde. Vielleicht war es dieses Feuer in seinen Augen … ein Ernst, eine Traurigkeit. Aber er sprach fest und ohne Zögern. *„Ein Schwert wird durch deine Seele dringen."*

Kaum das, was man einer jungen Mutter üblicherweise sagt. Nicht gerade ein guter Wunsch, ein Segenswort, eine Gratulation. Stattdessen diese unheilvolle Botschaft, düster, voller Vorahnung. Direkt beängstigend.

Viele Jahre später hallen Simeons Worte in den Worten Jesu selbst nach – ebenso bestürzend, ebenso düster. *„Ich bin nicht gekommen, Frieden zu bringen, sondern das Schwert. Wer sein Leben findet, der wird's verlieren; und wer sein Leben verliert um meinetwillen, der wird's finden"* (Matthäus 10,34.39).

Diese Worte finden sich wohl auf keiner Weihnachtskarte. Aber es sind die Worte des „Immanuel", des Gott-mit-uns. Sein Kommen stellte die Welt auf den Kopf. Familien spalteten sich darüber, Menschen veränderten ihr Leben, es wurde Blut vergossen. Völker stiegen auf und kamen zu Fall – all das, weil er in die Welt kam.

Das gilt bis heute. Wenn Menschen diesem Jesus begegnen, dann geht es um Leben und Tod, um Zeit und Ewigkeit. Es ist keineswegs immer eine friedvolle Begegnung. Sie ist auch nicht schmerzlos. Sie ist nicht immer leicht. Aber diesem Jesus, dem Messias, dem Christus sein Leben anzuvertrauen ist immer richtig. Egal, was es kostet.

Hanna

Ich liebe kleine ältere Damen. Vielleicht weil ich selbst langsam älter werde. Vielleicht, weil meine Mutter, weit in den Achtzigern, so eine kleine alte Dame ist. Ich weiß nicht warum, aber ich bin einfach gern in der Gesellschaft von Frauen, die längst vor mir da waren, die das Leben mit seinen schönen und schweren Seiten kennen … und vor allem bin ich gern zusammen mit Frauen, die mir auch im Glauben einiges an Erfahrung voraushaben.

Eine alte, runzlige Hand, die ein Gesangbuch hält. Das Lächeln, das der Choral „Näher, mein Gott zu dir" auf das faltige Gesicht einer alten Dame zaubert. Niemand singt diese alten Choräle schöner als eine betagte Frau, die eine lange Geschichte mit Jesus erlebt hat.

Vielleicht wäre es mir mit Hanna ähnlich ergangen. Hanna, so erzählt es Lukas, war eine Prophetin. Sie war sehr alt – 84 Jahre. Und sie war Witwe. Aber sie war nicht einfach irgendeine 84-jährige Witwe. Lukas berichtet, dass sie den Tempel nicht mehr verließ, dass sie Tag und Nacht für Gott lebte, fastete, betete.

Ich frage mich, ob sie wohl zu ihrer Zeit etwas belächelt wurde. Denn sie war eben … etwas anders. Es hat den Anschein, als lebte sie in einem der Vorhöfe. Vielleicht sahen manche in ihr so eine Art Tempelreinigungsservice. Für andere war sie eine Heilige.

Als Maria und Josef Jesus in den Tempel brachten, wussten sie nicht, was geschehen würde. Dann diese seltsame und bedrohliche Prophezeiung des alten Simeon. Seine Worte waren kaum verklungen, da erschien Hanna. Hanna mit einem lauten Dankgebet. Hanna, die alle Anwesenden auf dieses Kind aufmerksam machte (Lukas 2,36-38).

Zu gern male ich mir diese Szene aus. Diese alte Frau, eine Frau, die Gott kannte – wie sie ihre runzligen Hände um das Kind legt und jubelt und Gott lobt. Hanna war es vergönnt, die Geburt dieses Kindes so zu feiern, wie sie eigentlich gefeiert werden sollte.

Vielleicht können wir von dieser alten Witwe lernen. Vielleicht können wir uns an diesem Weihnachtsfest an ihr und dem, was sie damals tat, orientieren. Die Geburt Jesu ist eine Zeit, Gott unseren tief empfundenen Dank zu bringen. Eine Zeit, alle, die bereit sind, zu hören, hinzuweisen auf dieses Kind. Eine Zeit, von Erlösung zu reden.

Und: Ist das nicht genau Gottes Weise – eine unbedeutende alte Frau zu wählen, damit sie uns einen Weg zeigt, ihm zu dienen? In den zweitausend Jahren seither hat noch niemand eine bessere Weise gefunden, Weihnachten zu feiern, als Hanna.

WEIHNACHTEN HEUTE

Was unsere
Sehnsucht
verrät

Und wir haben gesehen und bezeugen,
dass der Vater den Sohn gesandt hat
als Heiland der Welt.
1. Johannes 4,14

Die richtige
Weihnachtsstimmung

Es geschieht jedes Jahr wieder … ungefähr um diese Zeit. Ich höre eine Weihnachtsmelodie im Radio. Lichterketten in den Straßen – ich stutze. Der Postbote bringt ein paar Umschläge mit Weihnachtsbriefmarken. Irgendjemand bemerkt, dass es nur noch gut drei Wochen sind bis …

Es ist kaum zu glauben. Schon wieder Weihnachten, und ich frage mich, wo die Zeit geblieben ist. Erst gestern noch, so scheint es, leuchteten die Bäume in goldener Farbenpracht, wirbelte der erste noch milde Herbstwind ein paar Blätter durch die Straßen.

Aber heute stehe ich da und blicke verwundert auf das letzte Kalenderblatt. Und ich habe den Eindruck, dass es höchste Zeit wird, in „Weihnachtsstimmung" zu kommen. Auf einmal überfällt mich eine unbestimmte Sehnsucht, eine seltsame Nostalgie und der innige Wunsch, dass dieses Weihnachtsfest bedeutungsvoll werden möge.

Und ich habe zwei Möglichkeiten. Ich kann einfach darauf warten, dass mich die Weihnachtsstimmung „überfällt" (oder auch nicht). Oder ich kann mich aufmachen und etwas dafür tun, damit sie sich einstellt. „Weihnachtsstimmung" lässt sich schaffen.

Wie, fragen Sie sich vielleicht, soll das gehen? Nun, es ist eigentlich ganz einfach. Es ist vielleicht grade mal Anfang Dezember, aber es ist nicht zu früh, um das Weihnachtsfest so zu planen, dass es ein Fest wird, an dem es wirklich Weihnachten wird.

Wie man anfängt, ist schon entscheidend. Fangen wir an, indem wir uns Zeit nehmen, darüber nachzudenken, was dieses Fest für uns bedeutet. Betrachten wir dieses Kommen Gottes in unsere Welt. Meditieren wir es, beten wir darüber. Jetzt ist die beste Zeit dazu.

Vielleicht weckt Gott deshalb in dieser Zeit des Jahres diese unbestimmte Sehnsucht in unseren Herzen, damit wir die Antwort darauf in der Botschaft von der Geburt seines Sohnes finden. Damit wir erkennen, dass unsere Sehnsucht und Nostalgie nichts anderes sind als das tiefe menschliche Verlangen, nach Hause zu kommen und anzubeten.

Natürlich: Tannengrün und Plätzchenduft, Weihnachtsbaum und Kerzenglanz – das alles hilft, „Weihnachtsstimmung" zu schaffen. Es gehört zu unserem Wunsch nach einem „perfekten" Weihnachtsfest. All das sind schöne Zugaben. Aber für die wahre Weihnachtsstimmung sind sie nicht entscheidend. Entscheidend ist, ob wir dahin kommen, an der Krippe anzubeten.

Gut, es ist ja noch früh im Advent. Noch drei weitere Kerzen werden am Adventskranz brennen. Aber jetzt schon können wir vorbeugen, damit uns die Hektik der Weihnachtsvorbereitungen nicht erdrückt. Damit wir nicht untergehen in der Jagd nach dem ultimativen Geschenk, in der glitzernden Weihnachtswerbewelt, im Geklingel all der besonderen Sonderangebote zum Fest. Bitte – lassen Sie nicht zu, dass das allzu geschäftige Treiben der nächsten Wochen Sie um die wahre Weihnachtsfreude bringt.

Beugen Sie vor. Jetzt ist der richtige Zeitpunkt, um den Blick aufs Wesentliche zu richten. Schaffen Sie selbst Weihnachtsstimmung – diese wunderbare Stimmung der Dankbarkeit und Freude, des Jubels über das größte Geschenk, das Gott uns gibt: die Geburt seines Sohnes. Dieses Geschenk ist die Erfüllung aller unserer Sehnsucht, all der unbestimmten Wünsche und Hoffnungen, die diese Zeit des Jahres in uns weckt.

Singet dem Herrn
ein neues Lied;
denn er hat wunderbare
Taten vollbracht.
Psalm 98,1

Jauchzet! *Frohlocket!*

Vor einer Minute war der Himmel über Bethlehem noch dunkel und leer. Aber jetzt hat jemand die Beleuchtung eingeschaltet. Sterne, die eben nur schwach blinkten, erstrahlen plötzlich in überirdischem Glanz und aus diesem himmlischen Feuerwerk tritt ein Engel heraus, um den Hirten auf den kahlen Hügeln zuzurufen: „Freude verkünde ich euch, große Freude, eine Freude, die allen Menschen zuteil werden soll" (Lukas 2,10).

Künstler aller Zeiten haben versucht, diesen Moment auf die Leinwand zu bannen. Wie malt man einen Engel … ganz zu schweigen vom Lobgesang der himmlischen Heerscharen? Ich habe es selbst versucht. Ich saß lange grübelnd vor meiner Staffelei. Schließlich war alles, was mir gelang, ein Bild von sittsamen, leidenschaftslosen Wesen, die ihre Hände falteten, in den Himmel starrten, und mit schwerfälliger Zunge murmelten: „Jauchzet! Frohlocket!" Es stimmte einfach nicht.

Hier geht es um Freude. Jubel. Hingerissen sein. Man muss aufspringen, tanzen, in Bewegung geraten, den Kopf zurückwerfen, es laut herausschreien: „Los! Macht mit! Freut euch! Frohlockt! Jubelt! Lasst euch anstecken!"

Klingt das ein wenig … unangemessen? Frevelhaft vielleicht?

Für uns vielleicht … aber nicht für Gott. Wenn Gott von Freude redet, dann meint er keine in Marmor gehauenen Heiligen, die sich vor Ergriffenheit kaum zu rühren wagen. Jesus sagt einmal: „Freut euch an jenem Tage und springt vor Freude; denn siehe, euer Lohn ist groß im Himmel" (Lukas 6,23). Das ist keine Aufforderung zu zahmem und wohlgesetztem Verhalten. Man kann nicht würdevoll und gesittet sein, wenn man aus voller Kehle jubelt. „Springt vor Freude!" Das sind Wort voller Kraft und Emotion.

Als der Engel diese frohe Nachricht verkündete, so überlegte ich vor meiner Leinwand, da brach die Freude nur so aus ihm heraus. Schließlich war es Gottes Wort, ein Wort voller Leben und Kraft, voller Mitgefühl und Vorfreude und Begeisterung.

Und jetzt brauchte ich keine weitere Inspiration. Ich begann zu skizzieren, was ich vor meinem inneren Auge sah, oder besser, was mein Herz empfand. Dann fehlte mir ein Modell für einen Engel. Ich rief meine Sekretärin, bat sie, auf einen Stuhl zu steigen, und ein Laken um sich herumzudrappieren.

„Und jetzt“, sagte ich, „wirf deine Arme hoch und ruf: ‚Überraschung!‘“

„Was?“ Sie starrte mich an.

„Denk einfach an den glücklichsten Moment deines Lebens, an etwas, das dich total überrascht und glücklich gemacht hat.“

Sie rieb sich das Kinn und überlegte. Schließlich fiel ihr etwas ein. Sie sprang auf, warf die Arme in die Luft, den Kopf in den Nacken, und rief: „Wow! Juchhuu!“ Ich warf eine Skizze hin, und eine Freundin machte rasch ein paar Fotos.

Während ich in den nächsten Tagen vor meiner Staffelei saß, hatte ich dieses Bild vor Augen: Jesus, den Ursprung aller Freude, und sein Lächeln. Und die Freude über die gute Nachricht steckte mich selbst ganz neu an. Ich stellte mir Maria und Josef vor: eine Maria, die vor Stolz glühte, und einen Josef, der übers ganze Gesicht strahlte. Und der Geist von Freude und Jubel und – ja, Übermut sprang schließlich auf mich über: lachend spritzte ich mit der Farbe nur so auf der Leinwand herum. Und was war das Ergebnis? Ein Engel, der wirklich froh aussah und jubelnd seine Botschaft herausrief: „Frohlocket!“

Die Botschaft der Freude wird uns in den nächsten Tagen überall begegnen: in Schaufenstern, auf Weihnachtskarten, in den Liedern und Texten von Weihnachten: „Jauchzet! Frohlocket! Springt vor Freude!“ Ich werde lächeln, wann immer ich sie höre … oder sehe … oder singe.

Denn im Kern dieser Freude und dieses Jubels steht Jesus.

JUBELT DEM HERRN ZU,
IHR MENSCHEN AUF DER ERDE!
PREIST IHN MIT LIEDERN,
SINGT UND JUBELT LAUT VOR FREUDE!
DAS MEER MIT ALLEM, WAS IN IHM LEBT,
SOLL ZU SEINER EHRE BRAUSEN UND TOSEN!
DIE GANZE WELT SOLL IN JUBEL AUSBRECHEN!
IHR FLÜSSE, KLATSCHT IN DIE HÄNDE;
IHR BERGE, PREIST UNSEREN HERRN.
JAUCHZET DEM HERRN, ALLE WELT,
SINGET, RÜHMET UND LOBET!

PSALM 98,4.7.8

Das Krippenspiel

 Schulklassen und Kindergruppen haben lange dafür geprobt. Und Eltern und Großeltern freuen sich darauf, ihre Kleinen als Maria oder als Engel oder als König zu bestaunen. Eine der besten Geschichten über ein Krippenspiel, die ich kenne, ist die folgende:

Wally war neun und ging in die zweite Klasse. Eigentlich hätte er in der vierten Klasse sein sollen – aber jeder im Dorf wusste, dass er nicht so gut mitkam. Er war kräftig und ungeschickt, langsam in seinen Bewegungen und langsam im Denken. Aber die Kinder in seiner Klasse – alle kleiner und schwächer als er – mochten ihn. Er war von Natur aus hilfsbereit, und er stand immer auf der Seite der Schwächeren, die in ihm einen Beschützer sahen.

Wally wollte gern beim Krippenspiel mitmachen – als Hirte, mit Flöte und Schaffell. Aber Miss Lumbard, die das Spiel in diesem Jahr vorbereitete, wollte ihm gern eine „bedeutendere" Rolle geben. Und schließlich, sagte sie sich, hat der Wirt ja gar nicht so viel zu sagen. Die paar Worte würde Wally schon hinkriegen.

Und so geschah es, dass sich eine große Schar von Zuschauern zum jährlichen Spektakel einfand. Die Bühne quoll über vor Kronen und Heiligenscheinen, Hirtenstäben und Bärten und aufgeregten Kinderstimmen. Aber niemand vor oder hinter oder auf der Bühne war mehr vom Zauber dieses Augenblicks ergriffen als Wally Purling.

Dann kam der Moment, in dem Josef auftaucht – langsam und vorsichtig geleitet er Maria zur Tür der Herberge. Nachdrücklich klopft Josef an die Herbergstür aus Pappmaché.

„Was wollt ihr?", fragt Wally und öffnet die Tür.

„Wir suchen eine Unterkunft für die Nacht."

„Sucht woanders." Wally starrt starr geradeaus und bringt die Worte sehr heftig hervor. „Die Herberge ist voll."

„Aber wir haben schon überall gefragt – umsonst. Wir kommen von weit her und sind sehr müde."

Wally starrt weiter in die Ferne. „Hier gibt es keinen Platz für euch."

Josef legt seinen Arm um Maria. „Bitte, guter Mann, meine Frau erwartet ein Kind und braucht einen Platz, um sich auszuruhen. Sicher gibt es noch ein kleines Fleckchen, wo sie sich hinlegen kann."

Zum ersten Mal wendet Wally seinen Blick Maria zu. Eine lange Pause. So lang, dass es im Publikum schon unruhig wird. Die Souffleuse flüstert: „Du musst sagen: „Nein! Verschwindet!"

Wally wiederholt automatisch: „Nein. Verschwindet!"

Traurig legt Josef seinen Arm um Maria und die beiden gehen langsam davon. Wally steht noch immer in der Tür und sieht ihnen nach. Und plötzlich füllen sich seine Augen mit Tränen. Und plötzlich wird dieses Krippenspiel zu einem ganz besonderen Krippenspiel.

„Wartet!", ruft der Herbergswirt den beiden hinterher. „Josef, geh nicht weg." Und dann, mit strahlendem Gesicht: „Ihr könnt mein Zimmer haben."

Es gab Zuschauer, die fanden, das Spiel sei misslungen. Aber einige Nachdenkliche sagten, es sei das beste und treffendste Krippenspiel gewesen, das sie je gesehen hätten.

Nicht draußen in der *Kälte* bleiben

Als Kind liebte ich es, im Winter so lange draußen in der Kälte zu bleiben, wie ich es nur aushalten konnte. Ausgestattet mit dickem Pullover, Weste, Mantel sah ich aus wie ein Michelinmännchen. So eingehüllt setzte ich mich auf eine hohe Schneewehe und da saß ich dann, beobachtete, wie mein Atem gefror, und wunderte mich, dass mir selbst dabei so kuschelig warm war. Das dauerte natürlich nicht lange. Ich spielte im Schnee, bis meine Finger vor Kälte taub waren. Aber auf den Gedanken, nach drinnen zu gehen, kam ich nicht.

Natürlich nicht. Ich weiß nicht, wie Kinder das machen – aber sie können sich die Nasenspitze abfrieren und werden doch nicht freiwillig das herrliche Schneeparadies verlassen, um ins Haus zu gehen, bevor man sie ruft. Ich erinnere mich sogar daran, dass ich dachte: *Mann, meine Füße sind schon Eisklumpen. Hoffentlich ruft Mama mich bald …* Aber von selbst ins Haus gehen? Keine Chance.

Aber wenn meine Mutter mich dann schließlich rief – wie gut das tat, die Küchentür aufzumachen und über die Schwelle in den kuschelig warmen Raum zu kommen.

Und bis heute ist es für mich ein besonderes Gefühl, wenn ich ein warmes, einladendes Haus betrete. Ein Gefühl von Zugehörigkeit, von Willkommen-Sein, von Gewollt-Sein. Und je kälter es draußen ist, umso besser fühlt es sich an, drinnen zu sein.

Aber warum, frage ich mich, legen es so viele Menschen dann darauf an, draußen zu bleiben? In der Kälte? Jeder weiß, wie einsam viele Menschen gerade zu Weihnachten sind. Vielleicht geht es Ihnen selbst so. Sie sehnen sich nach Gemeinschaft, danach, irgendwo dazuzugehören, nach Freundschaft und Wärme … und Sie warten … warten darauf, dass jemand Sie einlädt und ins Haus bittet. Und die Weihnachtslieder verstärken diese unerfüllte Sehnsucht nach einem Zuhause, das Sie nicht haben, nur noch.

Ich möchte nichts unterstellen … Aber manchmal scheint es mir, als ob die Menschen sich nicht zur Weihnachtsfreude einladen lassen *wollen*. Als blieben sie lieber freiwillig draußen vor der Tür. Und wenn niemand die Tür aufmacht und sie hereinbittet, denken sie: „Ich bin eben einer von denen, die die Statistik der Einsamen bevölkern."

Aber ich frage mich, ob diese Menschen wissen, dass sie nicht darauf warten müssen, hereingebeten zu werden. Sie können selbst der- oder diejenige sein, die einlädt. Sie können der Mensch sein, der anderen die Tür öffnet. Laden Sie jemanden in Ihr Haus ein. Jesus würde es so machen, und er will, dass wir ihn darin nachahmen. Es gibt wirklich keinen Grund, draußen in der Kälte zu stehen und darauf zu warten, dass irgendjemand anders Ihnen ein frohes Weihnachtsfest ausrichtet.

Jesus wäre selbst der Gastgeber. Wir sollen es auch sein. Das ist die beste Weise, die Einsamkeit zu beenden. Es ist die beste Weise, aus der eisigen Kälte herauszutreten in die Wärme und Geborgenheit eines Hauses.

O Bethlehem,
du kleine Stadt

 in der Sie im Advent in Heimen oder Häusern die alten Weihnachtslieder gesungen haben? Vielleicht in einem Altenheim oder Krankenhaus. Vielleicht mit der Familie vor dem Adventskranz. Vielleicht mit vielen Freunden beim Duft von Bratäpfeln, Glühwein und Pfefferkuchen.

Wenn ich an meine Kindheit zurückdenke, dann steigen da recht ungewöhnliche Erinnerungen an Weihnachtssingen auf. Unsere Familie betrieb das nämlich … zu Pferde.

Ich war sicher nicht älter als fünf, als ich begann, diese Familientradition mitzugestalten – hoch auf dem Rücken meines treuen alten Pferdes. Wir trabten hinüber zu einer benachbarten Farm, brachten die Pferde vor der Haustür zum Stehen, zogen die alten Liederbücher aus der Satteltasche und dann sangen wir dort die wunderschönen alten Choräle. Man kann sich vorstellen, dass es in diesen Winternächten ordentlich kalt war. Bald waren wir durchgefroren. Dann zog mein Vater eine Wärmflasche aus der Satteltasche, steckte sie mir als Kissen unter den Po und ich konnte nun auf einem so gewärmten Sattel weitersingen.

Das Schönste an diesen nächtlichen Ausritten im Schnee kam für mich, wenn wir endlich die alten Lieder anstimmten. Mein Lieblingslied war „O Bethlehem, du kleine Stadt" und mein Lieblingsvers war der erste: „O kleine Stadt von Bethlehem, wie stille liegst du hier. Du schläfst, doch goldne Sternelein ziehn leise über dir." Ich war zwar nur ein Kind, aber die Worte dieses Liedes ließen in meiner Vorstellung das Bild dieser wunderbaren Nacht von Bethlehem lebendig werden.

Die schönen Zeiten, in denen wir vom Rücken unserer Pferde aus in nächtlicher Stille und tiefem Schnee die alten Weihnachtslieder sangen, sind längst vergangen. Aber das

Lied, das ich damals so gern sang, bewegt mich noch immer tief. Aber heute haben andere Zeilen mehr Bedeutung für mich. Der letzte Vers lautet: „O heilges Kind von Bethlehem, in unsre Herzen komm. Wirf alle unsere Sünden fort und mach uns frei und fromm!
… Komm auch zu uns und bleib bei uns, o Herr Immanuel!"

Ernste Worte für ein Weihnachtslied. Jesus kam nicht nur als niedliches Kind in der Krippe. Er ist nicht einfach ein nettes Dekorationsstück für Weihnachtsfeiern und Familientreffen.

Er kam mit einer Absicht. Und Weihnachten hat einen Sinn, den genau diese Worte beschreiben: „Wirf alle unsere Sünden fort und mach uns frei …"

Als Kind waren diese Momente des Weihnachtssingens mir sehr kostbar. Aber ich bin nicht sicher, ob ich die volle Bedeutung der Geburt Jesu verstanden habe.

Das ist jetzt anders. Und ich wünsche Ihnen, dass auch Sie mitten im Trubel der Festlichkeiten diese Botschaft vernehmen. Dass das Kind, dessen Geburt wir feiern, in Ihrem Herzen einzieht und daraus vertreibt, was Sie beschwert und belastet und was vor Gott nicht bestehen kann. Und falls Sie diesen Befreier noch nicht kennen, wünsche ich Ihnen, dass er von neuem geboren wird … in Ihnen. Heute.

Das ideale Geschenk

FINDEN SIE WEIHNACHTEN AUFRE-
GEND? Ich schon. Der würzige Geschmack
von Glühwein, der Duft von Zimtsternen
oder Pfefferkuchen, Kerzen am Adventskranz oder am Weihnachtsbaum
… und die Gottesdienste. Mein
Mann und ich fahren zu Weihnachten zu meinen Eltern.
Dort, auf der Farm, ist
Weihnachten perfekt:
frisch gefallener
Schnee und all die
alten Bräuche, die die
Kindheit lebendig wer-
den lassen.

Ich freue mich auf die ge-
meinsamen Gottesdienste mit den
vertrauten Worten und den lieb geworde-
nen Liedern. Und dann die Feier zu Hause:
Erzählen, Singen und Geschenke. Ich habe
in diesem Jahr wundervolle Geschenkideen
gehabt und war schon wochenlang damit
beschäftigt, all die Dinge zu besorgen,
mit denen ich meine Familie überraschen
möchte. Natürlich macht sich jeder Gedanken über die Geschenke – etwas Besonderes
soll es sein, etwas Persönliches, etwas, das
eben „genau stimmt".

Ich mache eine
Liste all der
Dinge, die ich
verschenken will.
Und dabei geht
mir durch den Kopf,
dass ich doch nichts
Besseres verschenken
kann als mich selbst.
Meine Zeit, meine An-
teilnahme, meine Liebe und
Wertschätzung für meine El-
tern, für meine Geschwister, für deren Familien. Dekorative Päckchen, wundervolle
Geschenke, kunstvolle Weihnachtskarten
– all das kann doch niemals so viel bedeuten

wie die Zeit, der Einsatz, die Energie, die ich in die Beziehung zu meiner Familie und zu meinen Freunden investiere.

Einer meiner Freunde hat das ebenfalls verstanden und sich eine ganz besondere Art des Schenkens ausgedacht. Er verschenkte sich selbst … einen Monat lang sonntags für seine Mutter das Geschirr spülen, einen Gutschein für das Spalten und Stapeln des Kaminholzes, Gutscheine für Massagen für seinen kranken Bruder.

Das beste Geschenk, das wir anderen machen können, sind wir selbst. Wie sieht es mit Ihrer Geschenkeliste aus? Stehen diese Dinge schon darauf : Zeit, Liebe, Einsatz?

Das sind die Dinge, die wir von Gott geschenkt bekommen. Er verschenkte sich selbst in seinem Sohn. So sehr liebte Gott die Welt, dass er … gab – sich selbst. Und dieses Thema soll sich in unserem Leben wiederholen. Verschenken wir also … uns selbst. Ein besseres Geschenk können wir nicht machen.

Den Weihnachtsbaum
schmücken

ICH WÜNSCHTE, SIE KÖNNTEN UNSEREN WEIHNACHTSBAUM SEHEN. In diesem Jahr haben wir uns einen besonders schönen Baum geleistet: die dichteste, geradeste, kräftigste Blaufichte, die wir finden konnten. Ihr harziger Duft erfüllt das Wohnzimmer. Wenn ich die Augen schließe, umgibt mich der Hauch der Wälder, aus denen sie stammt.

Dann kam die Schachtel mit dem Weihnachtsschmuck vom Boden. Jedes einzelne Teil, über die Jahre gesammelt, wurde vorsichtig aus seiner schützenden Hülle von Seidenpapier und Holzwolle ausgepackt.

Da ist das kleine Holzpferd, das ich vor Jahren von zu Hause mitbrachte. Es hat einen festen Platz an unserem Baum – gleich unter der Spitze. Dann gibt es kleine Engel und Hirten aus Filz, einige Weihnachtsmänner, die mir eine Freundin geschenkt hat, als ich von zu Hause auszog. Ein kleiner Silberanhänger aus dem Familienerbe. Ein Eisbär aus Salzteig. Eine kleine Strohpuppe und ein Porzellanglöckchen von meiner Schwester.

Jedes einzelne Stück ist uns kostbar. Jedes erhält einen Ehrenplatz an unserem Baum. Jedes weckt schöne Erinnerungen. Ja, natürlich haben wir auch etwas hinzugefügt … Eiszapfen aus Silberfolie in diesem Jahr und Lamettafäden – Zutaten, die den Glanz vergrößern, weil sich in ihnen das Licht der Kerzen und die Farben der Anhänger fangen und vervielfachen und dem Baum auch noch in der Dämmerung Glanz verleihen.

Aber ich muss sagen: Nichts von diesem glitzernden Beiwerk hat wirklich Bedeutung für uns. Wenn wir in ein paar Tagen den Baum abschmücken, wird es ohne viel Aufhebens im Müll verschwinden.

Aber der restliche Schmuck? Ja, der wird mit besonderer Sorgfalt behandelt. In Seidenpapier eingehüllt und vorsichtig verstaut für den nächsten Baum im nächsten Jahr, beim nächsten Weihnachtsfest. Alles, was für uns Bedeutung hat, bleibt – wie ein kostbarer Schatz. Was keine Bedeutung hat – und sei es noch so glitzernd und auffällig – wird vergessen.

Und im Leben ist es ähnlich, oder? Unser Leben vollzieht sich auf so vielen Ebenen. Manche davon bleiben; andere scheinen unserem Leben Glanz zu verleihen, aber sie sind überraschend schnell wieder erloschen.

Was sind die Dinge, die nach diesem Weihnachtsfest in meinem, in Ihrem Leben bleibenden Wert haben werden? Oder im Leben Ihrer Familie? Vielleicht die sorgfältig gestalteten und festgehaltenen Momente schöner Erinnerungen, die dem über die Jahre hinweg sorgsam gehüteten Weihnachtsschmuck gleichen, an denen wir uns jedes Jahr wieder freuen?

Und was ist mit der Liebe zu diesem Kind in der Krippe – gehört sie zu dem, was in Ihrem Herzen bleibt und fortbesteht?

Ich habe einen Wunsch für Sie: Dass Sie in Ihrem Herzen und in Ihrem Heim eine tiefe und bleibende Liebe finden, wenn Sie all das glitzernde Lametta oder die Goldgirlanden abgeräumt haben. Eine tiefe Liebe … zu Gott, Liebe für Ihre Familie, Liebe für andere … eine Liebe, die bleibt.

Denn darum geht es doch zu Weihnachten, oder nicht?

Noch einmal *Kind* sein

Noch einmal Kind sein dürfen! Friedlich schlafen, warm und kuschelig in eine weiche Decke gehüllt. Babys haben noch keine Sorgen. Nichts beunruhigt ihre kleinen Köpfe. Vielleicht, weil Babys instinktiv wissen, dass sie die Sorgen und Probleme nicht lösen müssen. Dafür sind schließlich Mama und Papa da und die passen schon auf, dass nichts Wichtiges fehlt. Noch einmal so umsorgt sein – und in dem Vertrauen zu ruhen, dass man vor jeder Gefahr sicher geschützt ist. Noch einmal so unbesorgt zu sein – in der Gewissheit, dass immer jemand aufpasst. Kein Wunder, dass Babys so friedlich schlafen.

Noch einmal Kind sein dürfen! Es macht mich fast ein wenig neidisch. Sie nicht auch? Wünschen wir uns nicht alle manchmal, wir könnten die Sorgen und Belastungen des Lebens einfach ablegen oder abgeben? Wäre es nicht wundervoll, wir könnten in dem Vertrauen leben, dass jemand auf uns aufpasst und uns schützt und dafür sorgt, dass es uns an nichts fehlt? Dass jemand für uns sorgt wie unsere Mutter?

Wenn Ihnen das verlockend erscheint, dann haben Sie in diesem Jahr zu Weihnachten vielleicht jede Menge „Erwachsenensorgen" auf dem Herzen. Wird es mit all den Besorgungen noch rechtzeitig klappen?

Die unterschiedlichen Erwartungen der Familie zerreißen Sie. Sie geraten in Zeitdruck bei all den Anforderungen auf der Arbeit. Sie fühlen sich wie das Geschenkband, das die Familie zusammenhalten soll. Oder schlimmer: Vielleicht fühlen Sie sich bei all der Festlichkeit und Geschäftigkeit um Sie herum ausgeschlossen und einsam. Da gab es schlimme Erfahrungen und von innerem Frieden sind Sie weit entfernt. Sie fühlen sich leer, verletzt oder zurückgewiesen.

Noch einmal Kind sein dürfen … das klingt nicht schlecht. Vielleicht denken Sie ja auch angesichts all der Weihnachtskarten mit dem friedlich in den Armen seiner Mutter schlafenden Jesuskind: „Wenn es doch nur so einfach wäre …"

Vielleicht ist es so einfach.

Denn Gott hat nicht vergessen, wie ein guter Vater für uns zu sorgen. Auch nicht mitten in all dem Weihnachtstrubel. Auch nicht, wenn wir unter Druck geraten oder Angst haben. Er begegnet uns als Vater. Wir sind seine Kinder und er sehnt sich danach, dass er uns liebevoll in die Arme schließen kann. Wir können im Vertrauen darauf leben, dass er uns mit seinem Schutz umgibt. Und er möchte, dass wir ihm dieses Vertrauen entgegenbringen.

Überlassen wir doch unsere Sorgen ihm. Er hat versprochen, uns niemals im Stich zu lassen. In diesem Vertrauen können wir heute Nacht sorglos und friedlich schlafen.

Vielleicht fühlen Sie sich gerade jetzt Gott sehr fern. Dann reden Sie mit ihm – jetzt – wie ein Kind mit seiner Mutter, seinem Vater. Denn es ist Weihnachtszeit – eine gute Gelegenheit, um sich anstecken zu lassen – anstecken vom Vertrauen und der Geborgenheit eines Kindes.

Wir sind Gottes Kinder. Und wir haben allen Grund, sorglos zu sein und im Frieden zu leben.

Die einfachen *Dinge*

Weihnachten ist eine Zeit, um unseren Blick auf Jesus zu richten. Unseren Blick auf Jesus zu richten, das ist nicht nur zu Weihnachten ein guter Grundsatz. Er gilt das ganze Jahr. Denn wenn wir das tun, kann es unser Leben drastisch verändern. Es kann unsere Werte durcheinanderwirbeln. Unser Budget. Unseren Kleiderschrank. Die Weise, wie wir mit den Nachbarn umgehen. Die Art, wie wir unsere Zeit verbringen.

Denn wenn wir unseren Blick auf Jesus richten, dann sehen wir da – Einfachheit. Darauf konzentriert sich alles. Auf einen Lebensstil, ein Budget, eine Garderobe, einen Terminkalender, die Einfachheit ausdrücken.

Warum passiert es dann oft ausgerechnet zu Weihnachten – der Zeit, wo wir mehr als sonst unseren Blick auf Jesus richten –, dass die Einfachheit auf der Strecke bleibt? Dass sie begraben wird unter den Einkaufstüten auf dem Wohnzimmertisch. Dass sie verloren geht in der Menge der Termine und Veranstaltungen, die unseren Terminkalender füllen. Und was unser Budget angeht – da hat die Einfachheit erst recht keinen Raum, denn für Geschenke, festliche Kleidung und besondere Extras geben wir deutlich mehr aus als sonst.

Was ist nur an Weihnachten, dass es uns dazu bringt, so aus dem Rahmen zu fallen?

Wir sagen, wir richten unseren Blick auf Jesus. Aber im selben Atemzug übertreiben wir alles, sobald der 24. Dezember naht: Wir geben zu viel aus, nehmen uns zu viel vor, essen zu viel – und am Ende sind wir erschlagen von all dem „zu viel".

Einer meiner Lieblingstage in der Weihnachtszeit ist der zweite Weihnachtsfeiertag. Vielleicht, weil dann der größte Rummel vorbei ist. Die angespannten Gesichter, die hastigen Unterhaltungen und die hektischen Last-Minute-Einkäufe sind vorüber. Wir sitzen um den Familientisch und genießen die Reste. Wir haben viel mehr Zeit, wir sitzen zusammen, spielen, sehen die Geschenke noch einmal an – diesmal in Ruhe. Wir knabbern Plätzchen und setzen das Teewasser auf, falls jemand unverhofft hereinschneit. Jetzt erst wird es gemütlich. Jetzt fühle ich mich zu Hause. Jetzt wird es entspannt. Aber vor allem: Jetzt wird es wieder einfach.

Warum können wir uns in diesem Jahr nicht einmal vornehmen, die Einfachheit gar nicht erst zu verlieren? Vielleicht tun es die bewährten einfachen Rezepte auch – statt des Restaurantbesuchs mit der ganzen Familie. Vielleicht können wir der Versuchung widerstehen, in diesem Jahr einmal alles „ganz anders" zu machen. Es muss nicht jedes Jahr größer und teurer werden. Machen wir kleine Geschenke, liebevoll ausgedacht oder selbst angefertigt.

Setzen wir uns eine Grenze. Und die Festgarderobe vom
letzten Jahr lässt sich durch ein paar pfiffige Kleinigkeiten
sicher noch einmal auf Glanz trimmen.

Und lassen Sie die Familie wirklich einmal zu ihrem
Recht kommen – statt die Festtage mit lauter „großen Er-
eignissen" zu verplanen. Machen Sie das Schmücken des
Baums zum Familienereignis. Spielen Sie zusammen. Oder
planen Sie ein kombiniertes Gemeinschaftsmenü – in dem
jeder für etwas anderes verantwortlich ist.

Zu keiner anderen Zeit des Jahres haben wir
es so nötig, unseren Blick auf Jesus zu richten. Denn zu keiner anderen Zeit geht uns
dieser Blick so leicht verloren unter an-
derem, scheinbar so Wichtigem.

Halten wir es einfach. Richten
wir unseren Blick auf Jesus.

Von außen
nach innen

Weihnachten muss man gemeinsam verbringen. Allein kann man schlecht feiern.

Können Sie sich vorstellen, Plätzchen zu backen, sie liebevoll zu verzieren und auf einem Teller schön zu dekorieren … und sie dann allein zu verspeisen? Sehr festlich, oder?

Und wo wäre die Freude, wenn Sie Ihren Weihnachtsbaum allein schmücken? Sie haben all die schönen Kleinigkeiten liebevoll aufgehängt, die Lichter brennen, das Lametta glitzert – und Sie sitzen allein davor?

Nein, zu Weihnachten *muss* man jemanden einladen. Dieses Fest muss man teilen – oder es lohnt sich nicht, es überhaupt zu feiern.

Einer der schönsten Momente in den Feiertagen kommt für mich, wenn die Plätzchen gebacken sind, der Baum geschmückt, die Kerzen angesteckt, Musik durchs Haus klingt und – jetzt, endlich – die Tür aufgeht und ich Freunde willkommen heißen kann. Plötzlich ist das Haus erfüllt von Stimmen und Gelächter, von Freude und Wärme. Einen Freund zu begrüßen – oder auch ein paar oder eine ganze Truppe –, das ist der Moment, an dem für mich am meisten von der Weihnachtsfreude spürbar wird.

Darin liegt für mich mit das Schönste an Weihnachten. Und ich finde, es passt, dass an diesem Fest Jesus von außen in die Weltgeschichte hineinkam. Die Freude trat ein, als er die Schwelle dieser Welt überschritt, um Gesang und Jubel an einen Ort zu bringen, der ohne ihn leer und einsam wäre. Ja, sicher, die Weihnachtsdekoration war schon da – die Welt hatte schon Lametta und Kerzen und Girlanden aufgehängt. Aber erst als Jesus in die Weltgeschichte eintrat, war sie erfüllt von Friede und Freude.

Oswald Chambers schrieb: „Jesus trat von außen in die Weltgeschichte ein … Jesus Christus ist eine Erscheinung, die sich nicht im üblichen Rahmen der Menschheit erklären lässt. Er ist der Mensch gewordene Gott. Gott in menschlicher Natur, der von

außen hereinkommt. Die Geburt Christi war eine Ankunft, ein Kommen von außen nach innen. Und wie Christus von außen in die Weltgeschichte eintrat, so muss er auch in mein Leben von außen hereintreten." Paulus hatte etwas Ähnliches vor Augen, als er den Christen in Galatien wünschte, Christus möge „in ihnen Gestalt gewinnen" (Galater 4,19). Solange Christus nicht in ihren Herzen geboren wäre, fühlte Paulus sich wie eine Frau in den Wehen.

Und da sitzen wir nun in unseren schön geschmückten Häusern, die Kerzen brennen und wir halten Ausschau nach jemandem, mit dem wir dieses Fest teilen können. Nun, der Raum wird leer und einsam bleiben, es wird keinen Gesang geben – solange wir nicht Christus selbst einladen. Er ist der Ursprung aller Freude. Und diese Freude erleben wir nur, wenn er in uns geboren wird – wenn er „hereinkommt", ganz so wie die Freunde, denen wir die Tür öffnen, damit das Fest beginnen kann.

Jesus steht vor der Tür dieses Weihnachtsfestes. Er wartet nur darauf, dass wir sie ihm öffnen. Verpassen wir doch nicht das Beste an Weihnachten. Öffnen wir die Tür und heißen ihn willkommen.

Schneeflockenweiß

Ich liebe Schnee. Ich liebe ihn in jeder Form: trockene, kleine Flocken, die der Wind durcheinander wirbelt, oder die großen, schweren, nassen Flocken, die wie Watte zu Boden schweben. Ein paar einzelne Schneeflocken, die vor dem Fenster schweben, oder den Schneesturm, der von Norden her übers Haus fegt. Wie auch immer es geschieht – ich liebe es mit anzusehen, wie die Welt weiß wird.

Ich erinnere mich noch gut an einen Nachmittag, an dem ich zu Hause am Fenster saß und mir verzweifelt wünschte, ich könnte meinen Rollstuhl verlassen und meine Schwestern begleiten, die draußen im Schnee zur Scheune stapften. Sie sattelten die Pferde, winkten mir noch einmal zu und trabten davon. Ich lächelte und winkte zurück – aber innerlich fühlte ich mich verletzt und zurückgewiesen. Ich wollte so gern auch draußen im Schnee sein. Ich sehnte mich danach, die Flocken auf der Haut zu spüren, im Haar, auf den Wimpern.

Und ich tat mir Leid. Aber meine Schwester Jay wusste ein gutes Heilmittel, als sie in der Dämmerung zurückkam. Sie wickelte mich in eine dicke Decke, legte mir ein Wolltuch über die Füße und schob den Rollstuhl zur Tür. Draußen schob sie mich ganz vorn ans Geländer der Veranda. Es war dunkel, aber das Licht von drinnen beleuchtete den Tanz der tausend winzigen Flocken, die im Abendwind durcheinander stoben und ein wildes Ballett gaben.

Meine Schwester ging ins Haus zurück und ich saß dort und lauschte auf die Stille, die mich umgab. Die Stille hat einen eigenen Klang, und ich horchte auf das sanfte Tropfen, wenn der Schnee an der Verandalaterne schmolz.

Ein leichter Wind trieb die Flocken in eine Ecke der Veranda und in die Falten meiner Decke. Ich atmete heftig und beobachtete entzückt, wie mein Atem gefror. Das Rauschen der Fichten am Rand des Weidelands erfüllte die Stille. Tief sog ich die Luft ein, fühlte sie eiskalt in den Lungen und schnupperte nach dem Geruch eines Feuers im Kamin.

Langsam wurde die Welt weiß – und das zu beobachten vertrieb mein Selbstmitleid. Meine Traurigkeit verschwand ebenso wie die hässlichen Schlammpfützen auf der Weide. Ja, ich konnte nicht mehr auf dem Sattel durch den Schnee stürmen. Aber ich konnte die Freude an einem solchen Abend genießen, während ich ganz still in meinem Rollstuhl saß.

Natürlich brauchte es viele solche Momente, bevor ich meinen Rollstuhl akzeptieren konnte. Aber dieser Abend war einer von vielen Momenten, in denen Gott meine Traurigkeit und Bitterkeit mit seiner Liebe berührte und allmählich heilte.

Und jeder kennt Dinge, die ihn davon abhalten, sich an Gott und seiner Güte zu freuen. Was hindert Sie an dieser Freude? Eine schwierige Lebenssituation? Geben Sie Gott Zutritt zu einem kleinen Stück Ihres Lebens – und er wird kommen und mehr Raum beanspruchen und alles, was Sie verletzt oder bitter macht, alles, was Sie sich vorwerfen, mit seiner Liebe bedecken – wie der Schnee die Landschaft vor meinem Fenster bedeckte. Schwierige Situationen zu akzeptieren, das geschieht nicht über Nacht. Aber heute kann einer von vielen Momenten sein, in denen Sie Gott Ihre Last, Ihre Schuld, Ihren Kummer hinhalten … und er sie nimmt und Ihre Welt verwandelt – wie der Schnee das karge Land.

Haben Sie nicht auch Sehnsucht danach?

Ort der Stille

DIE WOLKEN HINGEN SCHWER UND GRAU AM HIMMEL, wie die Daunen an Gänsefedern. Schnee fiel in hellen, trockenen Flocken und der grau-weiße Dunst verbarg Scheune und Stall meinem Blick fast völlig.

Ich saß, auf die Ellbogen gestützt, am Fenster, während meine Mutter und meine Schwestern in der Küche hantierten und das Weihnachtsessen vorbereiteten. Ein Onkel und eine Tante samt einigen Cousins und Cousinen waren zu Besuch, außerdem Nachbarn und etliche Freunde. Das Haus war voller Leben und ich genoss die Geschäftigkeit. Aus dem Küchenradio tönten Weihnachtslieder zu mir herüber. Ich war noch ein Kind, und ich musste mich um all die Vorbereitungen noch nicht kümmern.

Irgendwann am Nachmittag, als der Himmel noch grauer geworden war, zog ich Jacke und Stiefel an, steckte ein paar Möhren und Äpfel in die Taschen, und stapfte zum Stall hinüber. Die Pferde und Ziegen im Stall taten mir Leid. Wir hatten so viele Geschenke bekommen – und ich wollte nicht, dass die Tiere leer ausgingen.

Im Stall war es ganz still. Ich erinnere mich noch an den intensiven Geruch des Heus und an den Duft der Pferde. Jemand hatte sie schon gefüttert, aber ich ging trotzdem zur Futterkammer und gab jedem Pferd eine Extraportion Hafer und ein paar Möhren und Äpfel.

Und es war etwas an dem Frieden und der Stille in dem Stall, das mich durch und durch erwärmte … mir war so warm, als säße ich drinnen am Kamin. Vielleicht lag es daran, dass ich allein war. Dass ich mir Zeit nahm und nachdachte, während die Pferde ihr Weihnachtsmenü verspeisten. Vielleicht genoss ich es einfach, nach dem geschäftigen Treiben im Haus nun allein zu sein. Aber wie auch immer – an diesem Nachmittag redete Gott zu mir. Ich war zwar noch ein Kind, aber ich wusste ganz genau: Diesen Augenblick würde ich nie mehr vergessen.

Nicht jeder hat einen Stall, in den er sich zurückziehen kann. Aber Sie wissen, was ich meine. Finden Sie Ihren Ort der Stille. Diesen Platz abseits von der Geschäftigkeit und dem Rummel. Vielleicht ist es nur ein Platz am Fenster und eine Tasse Kaffee. Oder ein Spaziergang im Park – mit einer Bibel in der Hand oder einem Bibelwort im Herzen. Vielleicht die Kühle eines Mansardenzimmers. Wo auch immer Sie diesen Ort finden – lassen Sie es sich nicht entgehen, an diesem Weihnachtsfest auch allein zu sein. Allein mit Gott.

Denn die Weihnachtserinnerungen, die Sie in solchen Momenten schaffen, werden Sie nie vergessen. Ein Leben lang nicht.

SEID STILL UND ERKENNT,
DASS ICH GOTT BIN.
DER HERR ZEBAOTH IST MIT UNS.
DER GOTT JAKOBS IST UNSER SCHUTZ.
PSALM 46, 11.12

Jauchzet, ihr Himmel, frohlocket ihr Engel in Chören!
Singet dem Herren, dem Heiland der Menschen zu Ehren.
Sehet doch da: Gott will so freundlich und nah
zu den Verlornen sich kehren.

Hast du denn, Höchster, auch meiner noch wollen gedenken?
Du willst dich selber, dein Herz voller Liebe, mir schenken.
Sollt nicht mein Sinn innigst sich freuen darin
und sich in Demut versenken?

Süsser Immanuel, werd auch in mir nun geboren.
Komm doch, mein Heiland, denn ohne dich bin ich verloren!
Wohne in mir, mach mich ganz eines mit dir,
der du mich liebend erkoren.

Gerhard Tersteegen

Warum *Weihnachten* erst der Anfang ist

Und der Geist und die Braut sprechen: Komm!
Und wer es hört, der spreche: Komm!
Und wen dürstet, der komme;
und wer da will, der nehme das Wasser des Lebens umsonst.

Es spricht, der dies bezeugt:
Ja, ich komme bald.
Amen, ja, komm, Herr Jesus!

Offenbarung des Johannes 22,17. 20

Weihnachtsgrüße

Das sind schöne Worte und gute Wünsche. Und jedes dieser Worte weckt in mir den Glanz von Weihnachten und erinnert mich an die Geburt Jesu, die doch so weit zurückliegt. Aber ich muss auch zugeben, dass ich es manchmal seltsam finde, dass uns diese Worte so viel bedeuten. Auf unzähligen Weihnachtskarten sind sie zu finden. Wir lesen sie an Schaufenstern, in Anzeigen, in allen Grüßen und Briefen, die wir zum Fest versenden. Als ob sie uns auf magische Weise zurückbringen könnten in jene wunderbare Nacht.

Aber „Frohe Weihnachten" muss nicht nur auf Vergangenes verweisen. Ja, Gott ist gekommen. Aber was wir feiern, muss deshalb nicht nur auf die Vergangenheit bezogen sein.

Es gibt noch mehr. Unendlich viel mehr.

„Frohe Weihnachten" ist nur das halbe Bild. Nur ein Teil der Verheißung. Ein unvollendeter Satz. Mit Weihnachten

hat die Geschichte des Advent, der Ankunft Gottes in der Welt, erst begonnen. Aber der Schluss ist noch nicht geschrieben. Und was ist das erste Wort im Rest der Geschichte?

Maranatha! Oder, wie wir heute sagen: „Komm, Herr!"

Das ist ein wundervoller Weihnachtsgruß. Perfekt. Besonders, wenn wir uns klar machen, dass Jesus die Antwort auf unsere tiefste Sehnsucht ist. Auch auf unsere Weihnachtssehnsucht. Jeder Advent bringt uns seinem zweiten Kommen in diese Welt näher, dem Moment, an dem wir ihn sehen werden, wie er ist, den König der Könige und Herrn aller Herren. Das wird ein Fest werden!

Wer wird da noch von Geschenken reden? Denken wir nur an diese Fülle …

„Ihr werdet keinen Mangel haben an irgendeiner Gabe und wartet nur auf die Offenbarung unseres Herrn Jesus Christus" (1. Korinther 1,7).

Weihnachtslieder? Wir werden Gesänge vernehmen, die wir uns nicht vorstellen können …

„Und ich hörte etwas wie eine Stimme einer großen Schar und wie eine Stimme großer Wasser und wie eine Stimme starker Donner, die sprachen: Halleluja! Denn der Herr, unser Gott, der Allmächtige, hat das Reich eingenommen!" (Offenbarung 19,6).

Chöre zu Weihnachten? Einen Chor wie den, der dann zusammenfindet, gab es noch nie …

„Und die den Sieg behalten hatten … standen an dem gläsernen Meer und hatten Gottes Harfen und sangen … das Lied des Lammes: Groß und wunderbar sind deine Werke, Herr, allmächtiger Gott! Gerecht und wahrhaftig sind deine Wege, du König der Völker" (Offenbarung 15,2.3).

Sicher, unsere Geschäftsstraßen sind strahlend geschmückt – aber stellen wir uns das vor:

„Und die zwölf Tore waren zwölf Perlen, ein jedes Tor war aus einer einzigen Perle, und der Marktplatz der Stadt war aus reinem Gold wie durchscheinendes Glas" (Offenbarung 21,21).

Ja, wir lieben Kerzenschein an einem kalten Winterabend und das Blinken der Lichter an den Bäumen in der Dunkelheit, aber können wir uns diese Szene vorstellen:

„Und es wird keine Nacht mehr sein, und sie bedürfen keiner Leuchte und nicht des Lichts der Sonne; denn Gott der Herr wird sie erleuchten, und sie werden regieren von Ewigkeit zu Ewigkeit" (Offenbarung 22,5).

Und das alles liegt nicht in unerreichbarer Ferne. Es ist die Zukunft. Im Rascheln der verstreuten Blätter, die vom Ende der Zeit berichten, ertönt die Botschaft, dass diese Zukunft nah ist. Der Himmel ist nur um die Ecke. Das große Fest beginnt bald. Wir stehen auf Zehenspitzen am Rande der Ewigkeit, bereit, einen neuen Himmel und eine neue Erde zu betreten. Und ich … ich kann es kaum erwarten.

Maranatha! Komm, Herr! Wenn es in meiner Macht stünde – ich würde sofort auf diese Seite von Weihnachten wechseln, an das Ende der Geschichte. Ich möchte sehen, dass sich die Verheißung erfüllt. Ich sehne mich von ganzem Herzen danach, dass mein Verlangen endlich erfüllt wird.

Ich kann es kaum erwarten, bis ich im himmlischen Chor mitsingen werde: „Herbei, oh ihr Gläubigen". Ich kann es kaum erwarten, bis ich ihm meine Geschenke bringen kann: einen reifen Glauben, den „Reichtum … seines Erbes, den er den Heiligen schenkt" (Epheser 1,18). Mit Königen und Hirten werden wir ihn anbeten und singen: „Ehre sei Gott in der Höhe!" (Lukas 2,14). Und für alle Ewigkeit werden wir dem folgen, den die Offenbarung „den hellen Morgenstern" nennt (Offenbarung 22,16).

Für mich ist das ein wunderbarer Gedanke. Er tröstet und begeistert mich, sooft ich in diesen kalten Wintertagen hinaufschaue zu diesem dunklen Zelt aus Millionen von Sternen. Wenn Sie in diesen weihnachtlichen Tagen die Sehnsucht packt … einmal wird sie erfüllt werden. Wir müssen nur durchhalten. Machen wir also das zu unserem Weihnachtsgruß: *Maranatha*!

O komm, o komm, *Immanuel!*

Wenn wir das Weihnachtsfest zu Hause bei meiner Familie verbringen, freue ich mich immer schon auf die Weihnachtskonzerte, die wir besuchen. An eines erinnere ich mich noch besonders gut. Draußen war es frostig kalt und die Menschen zogen Mäntel und Schals etwas fester zu. Aber innen in der alten Dorfkirche wurden die wärmenden Hüllen an der Garderobe abgelegt und man drängte sich in die Kirchenbänke.

Der Kirchenraum war nur durch Kerzen erleuchtet, sodass Kirchenschiff und Altarraum in einem warmen Schimmer glühten. Der hohe Raum warf die Stimmen mit kurzem Nachhall zurück.

Meine Erinnerung an diesen feierlichen, schönen Moment ist so klar und frisch wie jene Winternacht. Der Chor sang den alten Choral

> *O komm, du Sohn aus Davids Stamm,*
> *Du Friedensbringer, Osterlamm.*
> *Von Schuld und Knechtschaft mach uns frei*
> *Und von des Bösen Tyrannei.*

Es ist etwas Bittersüßes, fast Sehnsuchtsvolles an diesem Choral. Mit seiner in Moll gehaltenen Melodie scheint er gar nicht so recht in die fröhliche Weihnachtszeit zu passen. In jener Nacht hallte die melancholische Melodie im weiten Kirchenraum des alten Steinhaus nach und ich behielt diesen Klang noch lange im Ohr.

Worte voller Sehnsucht und Verlangen, finden Sie nicht? Worte, die die tiefste Sehnsucht eines Menschen wiedergeben, der gefangen ist in Zweifel oder Not. Vielleicht singen auch Sie Ihre Lebensmelodie gerade eher in Moll als in Dur. Vielleicht gibt es etwas, was Sie belastet, niederdrückt: der Verlust eines lieben Menschen, eine schwierige Situation, eine Krankheit. Und die Weihnachtsfreude scheint Sie in diesem Jahr nicht zu erreichen.

Genau diese Erfahrung drückt der alte Choral aus. Aber er bleibt dabei nicht stehen. Der Vers endet mit dem triumphierenden, immer wiederholten Ruf: *„Freut euch! Freut euch! Der Herr ist nah. Freut euch und singt Halleluja."*

Deshalb ist Weihnachten ein Fest der Hoffnung. Wir mögen zwar von der dunklen Wolke des Zweifels oder der Sorge umgeben sein, aber wir haben dennoch Grund zur Freude. Selbst mitten im Glanz und Glitter der Weihnachtstage kann unser Herz schwer sein. Und das ist eine bittere Erfahrung. Aber sie hat auch eine positive Seite: Wir dürfen darauf vertrauen, dass Christus, der Immanuel – „Gott mit uns" – kommen wird. Auch zu uns.

In anderen Worten: Gott will uns dort begegnen, wo wir gerade sind. Christus kam, um uns das Heil zu bringen. Und wir haben allen Grund, in den Refrain des alten Chorals einzustimmen: „Freut euch! Freut euch! Der Herr ist nah."

Diese Freude habe ich damals in der alten Kirche meines Heimatortes gespürt, als ich die Worte des Chorals in mich aufnahm. Und bis heute ist diese Freude mir erhalten geblieben. Gott sei Dank!

Friede auf Erden

Die Worte sind uns so vertraut. Wir hören sie in jedem Weihnachtsgottesdienst, wir lesen sie auf Weihnachtskarten. Wir hören sie von Kanzeln. Aber der Friede, den die Engel in jener heiligen Nacht verkündeten, hat nichts zu tun mit einem netten, friedlichen, beruhigenden Gefühl.

Denn was die Engel da verkündeten, war das Ende eines langen Krieges. Des Krieges zwischen Gott und den Menschen.

Während des deutsch-französischen Krieges 1870/71 lagen deutsche und französische Soldaten sich in ihren Stellungen gegenüber. Es war Heiligabend.

Leichter Schneefall bedeckte den Boden mit einer weißen Hülle. Da trat ein junger Franzose aus dem Schützengraben heraus und stimmte ein altes französisches Weihnachtslied an: O heilige Nacht …

Kein Schuss fiel. Die Deutschen waren ergriffen. Sie legten die Waffen weg. Es war kaum zu glauben. Ein junger deutscher Soldat verließ die Deckung und antwortete mit Martin Luthers Weihnachtslied: „Vom Himmel hoch da komm ich her …"

Er sang den ganzen langen Choral. Dann kehrte er zurück in den Schützengraben. Aber für den Rest des Tages herrschte an diesem Teil der Front Friede – ein zarter, zerbrechlicher Friede, der die Feindschaft überdeckte wie der Schnee den gefrorenen Boden bedeckte.

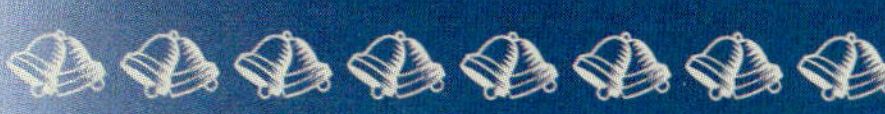

Für einen Moment – für einen Tag endete die Feindschaft. Die Kampfhandlungen waren ausgesetzt. Es herrschte eine Art Waffenstillstand.

Und für einen Moment erklang die Botschaft von einem anderen Friedensvertrag in den feindlichen Lagern. Denn die Feindschaft zwischen Himmel und Erde, zwischen Gott und den Menschen, endete mit dem Kommen Jesu, mit seiner Geburt, seinem Tod und seiner Auferstehung. Aber dieser Friede galt nicht nur für einen Tag. Es war nicht nur eine Pause in den Kampfhandlungen. Kein vorübergehender Waffenstillstand.

Als Christus in die Weltgeschichte eintrat, schwenkte er keine weiße Flagge. Er kam nicht als ein Unterhändler, der um eine Gefechtspause bittet.

„Friede auf Erden" – dieser Gesang der Engel verkündete das Ende des Krieges. Es war V-Day, der Tag des Sieges. Der Krieg war vorbei, die Feindschaft zwischen Gott und Mensch war überwunden.

Christus kam als Friedenskönig. Durch ihn verkündete Gott das Ende einer schrecklichen Feindschaft. Das Kommen Jesu war ein Einmarsch in feindliches Gebiet – ein Einmarsch, durch den er beanspruchte, was ihm rechtmäßig zustand. Er stellte sich dem Feind entgegen – der Sünde. Und sein Schlachtruf verkündete, dass er gekommen war, um die Freiheit zu bringen. In seinem Tod und seiner Auferstehung unterzeichnete er den Friedensvertrag mit seinem Blut.

Deshalb feiern wir an Weihnachten einen Friedensschluss. Nicht nur eine Kampfpause. Die Feindschaft ist überwunden – endgültig. Jesus Christus ist unser Friede.

Wir haben wirklich Grund zu feiern.

Das Versprechen

WIE LANGE DAUERT ES, BIS EIN TRAUM WAHR WIRD? Wie lange, bis ein Wunsch erfüllt wird? Wann geben wir die Hoffnung auf, dass ein Versprechen eingelöst wird?

Wie lange? Wie lange glauben wir einer Verheißung, bevor wir uns getäuscht sehen? Wochen? Monate? Jahre vielleicht?

Wie klingt denn: Jahrhunderte? Blättern Sie nur einmal flüchtig das Alte Testament durch. Sie werden feststellen, dass Menschen der Verheißung Gottes glaubten – über sehr, sehr lange, unvorstellbar lange Zeit.

Schon in der Verheißung, die Abraham erhielt, kündigte Gott den künftigen Messias an. Und wie reagierte Abraham? Er glaubte Gott (Römer 4,3). Und das war alles. Deshalb galt er Gott als gerechter Mensch.

Aber ich frage mich, wie es Abraham wohl zwei Wochen später ging. Oder ein paar Monate danach. Wie ging es viele Jahre später seinem Sohn? Oder seinen Nachkommen – ein paar Jahrhunderte später? Wie lange warteten diese Menschen, bevor sie schließlich den Glauben aufgaben?

Denn viele gaben den Glauben auf. Sie hatten kein Vertrauen. Sie glaubten nicht, dass Gott jemand ist, der zu seinem Wort steht. Sie waren keine Leute, denen Gott Gerechtigkeit zusprechen konnte.

Aber andere behielten die Hoffnung. Sie träumten von dem verheißenen Tag, sie hofften auf die Zukunft, die Gott versprochen hatte. Sie setzten ihr Vertrauen darauf, dass Gott hält, was er verspricht. Und das waren die Menschen, die verstanden, was geschah, als es Weihnachten wurde. Es waren diejenigen, die erkannten, wer Jesus war. Es waren die, die auf die Erfüllung der alten Verheißung warteten. Zacharias zum Beispiel, der alte Priester, der in den Lobpreis ausbricht: „Gelobt sei der Herr, der Gott Israels! Denn er hat sein Volk besucht und erlöst … wie er vor langer Zeit durch den Mund der Propheten verheißen hat … dass er gedächte an seinen heiligen Bund und an den Eid, den er unserm Vater Abraham geschworen hat" (Lukas 1, 68.70.72.73).

Zacharias und viele andere mit ihm hatten nicht aufgehört zu glauben. Und dieser Glaube wurde ihnen zur Gerechtigkeit.

Vielleicht ist das der Grund, warum wir bis heute in der Weihnachtszeit eine solch starke Sehnsucht empfinden. Gewiss, der Messias, der versprochene Retter, ist gekommen. Aber die alte Verheißung umfasst mehr, viel mehr. Denn bis zu dem Tag, an dem Christus als Sieger wiederkommt, werden wir immer ein gewisses Maß an Sehnsucht, an Heimweh, an unerfülltem Verlangen verspüren. Denn er hat uns eine neue Verheißung gegeben. Er wird wiederkommen und wir werden seine Macht und Herrlichkeit schauen – unverhüllt. Und dann endlich werden all unsere Sehnsucht und unser Verlangen gestillt sein. Wir werden die vollkommene, ungetrübte Freude erfahren.

Kennen Sie diese Sehnsucht auch? Diese Ahnung, dass noch etwas aussteht, bis das Leben so ist, wie es sein sollte? Dann möchte ich Ihnen Mut machen: Vertrauen Sie Christus. Nehmen Sie ihn beim Wort. Er hat es versprochen.

Schließen wir uns denen an, die Gott Glauben schenkten. Und warten wir mit allen, die diese Hoffnung über Jahrhunderte, Jahrtausende nicht aufgegeben haben – warten wir im Vertrauen darauf, dass Christus hält, was er verspricht.

Geben wir den Glauben nicht auf. Halten wir die Hoffnung fest. Erwarten wir die Zukunft, die Christus versprochen hat. Richten wir den Blick immer wieder nach oben, nach vorn, auf ihn. Denn einmal kommt er – er, der versprochen hat, dass er uns nach Hause holt.

Gott hat uns sein Wort gegeben. Glauben wir ihm.

Wann soll es doch geschehen,
Wann kommt die liebe Zeit,
Dass ich ihn werde sehen,
In seiner Herrlichkeit?
Du Tag, wann wirst du sein,
Dass wir den Heiland grüssen?
Ach, stelle dich doch ein.

Aus: Johann Sebastian Bach,
Kantate: Lobet Gott in seinen Reichen BWV 11

Wann soll es doch geschehen,
Wann kommt die liebe Zeit.
Dass ich ihn werde sehen,
In seiner Herrlichkeit?
Du Tag, wann wirst du sein,
Dass wir den Heiland grüßen?
Ach, stelle dich doch ein.

Fröhliche